Roland Breitenbach
Gott liebt es bunt

Sabine Halbritter
Fliederstr. 12
97353 Wiesentheid
Tel. 0 93 83 / 64 23

Gott liebt es bunt

Radio-Gedanken
für Nacht und Tag von
Roland Breitenbach

Reimund Maier
Verlag

Die Deutsche Bibliothek – CIP-Einheitsaufnahme

Breitenbach, Roland:
Gott liebt es bunt : Radio-Gedanken für Nacht und Tag /
von Roland Breitenbach. – Schweinfurt : Maier, 1997

ISBN 3-926300-26-4

© **1997**
Reimund Maier Verlag, Schweinfurt

Layout, Satz und Gestaltung: Reimund Maier Verlag, Schweinfurt
Titelgraphik: Bernhard Eckstein, Würzburg
Druck: Fa. Weppert GmbH & Co. KG, Schweinfurt
ISBN 3-926300-26-4

Ahnung	15
Alter	16
Altersweisheit	17
Amateur	18
Anfang	19
Anfänger	20
Anklage	21
Anpassung	22
Atheist	23
Aufregung	24
Ausrede	25
Autofahren	26
Ärger	27
Baby	28
Ballast	29
Bedeutung	30
Bedingung	31
Begegnung	32
Beispiel	33
Belastung	34
Bescheid	35
Beschwörung	36
Besetzt-Zeichen	37
Besitz	38
Bewußtheit	39
Beziehungen	40
Bibel	41
Bibelkreis	42
Bischof	43
Bitte	44
Bosheit	45
Botschaft	46

Brotvermehrung	47
Charme	48
Clown	49
Depression	50
Deutung	51
Dreiklang	52
Dritte Welt	53
Drogen	54
Duft	55
Ehrlichkeit	56
Einfachheit	57
Einmaligkeit	58
Einsamkeit	59
Eltern	60
Emanzipation	61
Engel	62
Enttäuschung	63
Erbschaft	64
Erfahrung	65
Erhörung	66
Erinnerung	67
Erstling	68
Erwartung	69
Erziehung	70
Etikett	71
Ewigkeit	72
Falschgeld	73
Familie	74
Fasching	75
Fasten	76
Feiertag	77
Fest	78
Fehler	79
Film	80
Frage	81
Freiraum	82

Freundschaft	83
Gebet	84
Gebetsschule	85
Geheimnis	86
Gehör	87
Geist	88
Gelassenheit	89
Geld	90
Gelegenheit	91
Gemeinde	92
Gerechtigkeit	93
Gerücht	94
Geschenk	95
Geschichten	96
Geschmack	97
Geschwister	98
Gewalt	99
Gewicht	100
Gewissenserforschung	101
Glaube	102
Glück	103
Glückskette	104
Gott	105
Gottesbild	106
Gottesdienst	107
Grasbüschel	108
Gruß	109
Guru	110
Hartnäckigkeit	111
Heilung	112
Herausforderung	113
Hexen	114
Hilfe	115
Höhenflug	116
Hölle	117
Hörer	118

Hunger	119
Hungersnot	120
Hut	121
Ich	122
I love	123
Interesse	124
Jahreswechsel	125
Jesus	126
Kälte	127
Katechismus	128
Killerworte	129
Kindersegen	130
Kirche	131
Klage	132
Kleinigkeit	133
Klima	134
Kompromiß	135
Konfession	136
Konsequenzen	137
Kontemplation	138
Krankheit	139
Kreuz	140
Leben	141
Lebenslicht	142
Lebensstil	143
Leib	144
Leichtsinn	145
Liebe	146
Liebesbeziehung	147
Lösung	148
Lüge	149
Märchen	150
Man	151
Mediation	152
Midlife-crisis	153
Mißgeschick	154

Möglichkeit	155
Mumien	156
Nachsehen	157
Nachtgespräch	158
Name	159
Narrenzeit	160
Nerven	161
Neuheit	162
Nichts	163
Normal	164
Not	165
Notruf	166
Nüchternheit	167
Nummer 1	168
Offenheit	169
Okkultismus	170
Ökumene	171
Perfektion	172
Pharisäer	173
Platzkampf	174
Pole	175
Politik	176
Postbote	177
Recht	178
Reife	179
Religion	180
Religionsunterricht	181
Richtung	182
Sakrament	183
Schattenseiten	184
Schlaf	185
Schmerz	186
Schutzengel	187
Schweigen	188
Seele	189
Seelenwanderung	190

Segen	191
Sekten	192
Selbstsicherheit	193
Selbstzweifel	194
Seligkeit	195
Sexualität	196
Sinnlichkeit	197
Solidarität	198
Spiel	199
Sprung	200
Sterben	201
Streß	202
Strukturen	203
Stufen	204
Suchtgesellschaft	205
Supermarkt	206
System	207
Telefon	208
Tiere	209
Totenhemd	210
Tourismus	211
Träume	121
Treue	213
Umkehr	214
Unbekannt	215
Unglaube	216
Unverdient	217
Urteil	218
Übung	219
Vater	220
Veränderung	221
Vergebung	222
Verharmlosung	223
Verschwendung	224
Verständnis	225
Vertrauen	226

Verwandlung	227
Verweigerung	228
Verzweiflung	229
Visionen	230
Vorsatz	231
Wachstum	232
Waffen	233
Wahrheit	234
Wandlung	235
Warum?	236
Wegsuche	237
Wendezeit	238
Werbung	239
Wetter	240
Witz	241
Wort	242
Wunder	243
Wunsch	244
Wüstenerfahrung	245
Wüstentag	246
Zapping	247
Zärtlichkeit	248
Zeichen	249
Zeit	250
Zeitenwende	251
Zeitlosigkeit	252
Zeitzeichen	253
Zölibat	254
Zufriedenheit	255
Zumutung	256
Zusammenleben	257
Nachwort	259

Wer mit sich selbst
in Frieden lebt,
der wird genauso sterben
und ist selbst dann
lebendiger
als alle seine Erben.

Novalis

Ahnung

Gertrude Stein, Zeitgenossin der Maler Matisse und Picasso, hat ebenso wundervolle wie geheimnisvolle Worte geschrieben, die eine Ahnung von dem vermitteln, was Glaube und Religion sein können:

„Essen und Schlafen sind nicht wie Lieben und Atmen. Waschen ist nicht wie Essen und Schlafen. Glauben ist wie Atmen und Lieben. Religion kann Glauben sein, sie kann wie Atmen sein, sie kann wie Lieben sein, sie kann wie Essen oder Schlafen sein, sie kann wie Waschen sein. Sie kann etwas sein, das seinen Platz ausfüllt, wenn jemand aus sich ein Stück verloren hat, das in sich zu haben für ihn etwas Natürliches war."

Vergleichen wir diese Sätze in einer stillen Stunde mit dem, was uns Glaube und Religion bedeuten. Messen wir diese Sätze mit dem, was uns als Religion und Glaube verkündet wird. Lassen wir all das los, was sich mit diesen einfachen Worten der Gertrude Stein nicht vergleichen kann. Dann können wir uns jene Ahnung des Göttlichen bewahren, das in uns auch in den alltäglichsten Dingen am Wirken ist. Nichts ist umsonst getan, wenn wir uns daran erinnern.

Alter

Von einem Kardinal wird erzählt, er habe seinen Sekretär gebeten, ihn rechtzeitig auf die Zeichen des Alterns hinzuweisen. Und er habe lächelnd hinzugefügt: „Mit 60 weißt du, daß du alt wirst, mit 70 weißt du es und die anderen; mit 80 wissen es nur noch die anderen." Der Sekretär versprach sein Bestes und als er einige Jahre später seinen Chef auf dem Weg in sein Arbeitszimmer lediglich mit langen Unterhosen bekleidet sah, machte er ihn geziemend darauf aufmerksam. Der Kardinal bedankte sich sehr und hatte schon am nächsten Tag einen neuen Sekretär.

Die Wahrheit ist schwer zu ertragen. Selbst für einen, der besten Willens ist. Die Wahrheit des Alters heißt Abschied nehmen und das macht die Einsicht besonders schwer. Deswegen ist es nicht erstaunlich, daß sich ältere Menschen an die Gewohnheiten klammern, die eigene Wohnung auch als Pflegefall nur sehr schwer aufgeben können, oder sich weigern, ein Testament zu machen.

Das Altern will rechtzeitig, schon in jüngeren Jahren eingeübt werden. Es besteht im Loslassen. Am besten beginnt man mit leichteren Übungen, zum Beispiel die Briefmarkensammlung zu verschenken, an der man ohnedies nicht weiterarbeitet oder in eine kleinere Wohnung zu ziehen. Es kann aber auch darin bestehen, etwas völlig Neues zu beginnen. Aber nichts, was einen fesselt, sondern befreit. Zum Beispiel noch einmal eine Sprache zu erlernen oder einen Töpferkurs zu belegen.

Altersweisheit

Nach hitzigen Diskussionen in der Generalversammlung der Kleingärtner gab es für einen die große Enttäuschung. Der 78jährige Vorsitzende wurde nicht wieder gewählt; er mußte einem Jüngeren Platz machen. Der Abgewählte packte seine Unterlagen und ging grußlos aus der Versammlung. Da hatte er über dreißig Jahre dem Verband alle Freizeit und noch mehr geopfert. Und jetzt das!

Die Enttäuschung des Vorsitzenden war von ihm selbst programmiert. Das ist für ihn nicht leicht einzusehen, weil es nicht leicht ist, rechtzeitig die altersbedingten Grenzen zu erkennen. Die Warnungen des Körpers oder des Verstandes werden nicht ernst genommen oder durch eine gewisse Sturheit, auch Altersstarrsinn genannt, kompensiert. Format hat nicht der, der an seinen Aufgaben klebt, notfalls bis zum bitteren Ende. Die Weisheit des Alters besteht in der rechten Unterscheidung: einmal sich über die eigenen Leistungen in der Vergangenheit zu freuen, zum anderen die Aufgaben rechtzeitig in jüngere Hände zu legen.

Eine Gemeinde wartete voll Sehnsucht darauf, daß ihr alter Pfarrer endlich in den Ruhestand ginge. Als er selber den Termin zum Zeitpunkt seines Goldenen Dienstjubiläums festlegte, feierte das ganze Dorf ihm zu Ehren ein großes Fest, mit Lob und Anerkennung wurde nicht gespart. Die Reaktion des alten Geistlichen: „Wenn ich so hervorragend bin, wie ihr sagt, kann ich gut noch ein paar Jährchen machen...!"

Amateur

Unsere Welt ist voll von Fachleuten und Experten. Nichts mehr muß dem Zufall, erst recht nichts den Amateuren überlassen werden. Sicher ist es wichtig, wenn ein Fachmann die elektrische Leitung verlegt oder die Bremsen des Autos in Ordnung bringt. Es ist auch gut, wenn in einem komplizierten Rechtsfall der Experte die hilfreiche Auskunft geben kann.

Auch auf geistlichem Gelände haben sich längst Spezialisten und Fachleute breit gemacht: Die Bibel wird von Schriftgelehrten ausgelegt, die Bischöfe deuten Gottes Willen, die Moraltheologen sagen, was erlaubt ist und was nicht, die Priester sorgen für den Gottesdienst. Auch in dieser Hinsicht brauchen wir keine Amateure, meint man. Wenn wir aber das Wort „Amateur" übersetzen, dann bedeutet es „Liebhaber". Ein Liebhaber ist ein Mensch, der Freude an einem Menschen oder an einer Sache hat. Nun wissen wir alle, wie gut es einer Sache tut, wenn einer als Liebhaber am Werk ist. Weil er Freude an dem hat, was er tut, bekommen seine Taten einen besonderen Wert.

Das gilt erst recht, wenn wir es mit einem Menschen zu tun haben. Ein wenig Zuwendung, ein bißchen Liebhaben ist mehr als jede noch so fachmännische Behandlung. Seit ich das eingesehen habe, ahne ich, daß Gott die Amateure lieber hat als die Fachleute, die meinen, alles perfekt zu beherrschen.

Anfang

Allem Anfang wohnt ein Zauber inne. Hermann Hesse hat unsere tiefe menschliche Erfahrung in dieses schöne Wort gefaßt: Allem Anfang wohnt ein Zauber inne. Die Geburt eines Kindes kann uns verzaubern oder der Start zu einem unbekannten Ziel. Wir genießen den Zauber einer jungen Liebe, wie wir uns über eine Chance freuen, die uns geschenkt wird.

Uns ist ein neues Jahr geschenkt worden. Da wurde um Mitternacht eine Türe aufgestoßen, hinter der wir viele Räume vermuten dürfen. Räume, die es jetzt zu erobern gilt. Manchmal geht es uns bei solchen Eroberungen, wie jenen Mönchen, die sich aufmachten, das Ende der Welt zu suchen. Es war ihnen verheißen worden, daß dort, am Ende der Welt, wo der Regenbogen die Erde berühre, das Glück der Erde zu finden sei. Nach unsäglichen Mühen und vielen Entbehrungen kamen sie an. Nur noch eine Türe trennte sie vor dem großen Wunder. Voller Erwartung gingen sie durch dieses letzte Hindernis hindurch – und fanden sich wieder im Hof ihres Klosters.
Die beiden Mönche waren nicht enttäuscht. Sie waren glücklich, denn nach der langen Suche waren sie endlich zuhause und damit geborgen.

Für mich macht es den Zauber des neuen Jahres aus, daß ich mich, gleich was auch kommen mag, geborgen und aufgehoben weiß. Geborgen in den Händen Gottes; da bin ich zuhause. Karl Rahner hat es so ausgedrückt: Wenn wir auch in den Abgrund fallen, wir fallen nie tiefer als in seine Hände…

Anfänger

Anfänger sind wir alle, auch wenn wir auf den Schultern vergangener Generationen stehen, also auch aus ihren Erfahrungen gelernt haben. Selbst die letzte Stunde unseres Lebens macht uns noch einmal zu Anfängern. „Sterben ist nicht einfach", hat einer scherzhaft-ironisch formuliert: „Aber alle haben es bisher gelernt." Rainer Maria Rilke, dem das Leben und das Sterben gleichermaßen schwer fiel, schreibt in einem seiner Gedichte: „Anfang glänzt aus allen Bruchstellen unseres Mißlingens." Es ist wie beim Beton: Dort, wo er gebrochen ist, hat das winzige Samenkorn des Löwenzahn eine Chance, zu wachsen und seine übermütige Blüte der Sonne entgegenzustrecken.

Wir können jederzeit neu anfangen: Nach einer großen Enttäuschung genauso wie nach einem 80. Geburtstag. Jeder Tag, jede Erfahrung kann für uns eine Herausforderung sein, wenn wir uns nicht verschließen oder für „zu alt" halten. Gerade das Mißlingen darf uns nicht handlungsunfähig machen. Im Gegenteil: Weniger der Erfolg, der Mißerfolg ist es, der uns jung hält, der uns Neues denken und ausprobieren läßt.

Anklage

Ein Mann war vor das kirchliche Gericht geladen und wurde dort von drei Geistlichen verhört. „Ihnen wird vorgeworfen", begann der erste, „die uns anvertrauten Christen aufgefordert zu haben, die Strukturen unserer Kirche in Frage zu stellen, die Gebote, Gesetze, Canones und Traditionen zu brechen. Was sagen Sie dazu?" – „Ja, das habe ich getan!"

Der zweite setzte das Verhör fort: „Desweiteren sollen Sie gegen den Papst und die Bischöfe gehetzt haben, sie wegen ihrer Kleidung, Titel und Ehrenzeichen scharf angegriffen und verurteilt haben, um damit ihre Autorität zu untergraben?" – „Ja, auch das habe ich getan!"

Der dritte Geistliche nahm nun das Wort: „Sie wurden bei uns angezeigt, weil sie die heiligen Lehren unseres Glaubens und der Moral in Frage stellen. Sie leugnen das Opfer und das Priestertum unserer heiligen Kirche, sind gegen den Zölibat und für die Gleichheit der Frauen. Sie stellen sich auf die Seite stadtbekannter Sünderinnen. Sie verwerfen den Eid in der Kirche und vieles andere mehr. Was wollen Sie dazu sagen?" – „Ja, das alles habe ich gesagt und getan."

Da ergriff der erste noch einmal das Wort: „Wie heißen Sie überhaupt?"
„Jesus von Nazaret."

Anpassung

„Der ist doch nicht auf der Reihe!" Neulich habe ich zu diesem Modewort eine Karikatur gesehen. 20 Strichmännchen, eines wie das andere, marschieren hintereinander in einer langen Kette. Aber das Unvorstellbare geschieht. Das 13te springt aus der Reihe und macht ganz einfach kehrt.

„Der ist nicht auf der Reihe!" Ich habe im Gespräch mit den Menschen eine zweifache Bedeutung dieses Wortes ausgemacht. Einmal will es sagen: Da ist einer doch tatsächlich so dumm, daß er nicht weiß, wo es lang geht. Oder auch: Der ist nicht so wie wir alle, der paßt nicht zu uns, nicht in unsere Gesellschaft, nicht in unsere Zeit. Ist das wirklich so erstrebenswert, zu passen, in der langen Reihe ohne Blick nach links oder rechts mitzumarschieren, nur damit man auf der Reihe ist?
Paulus mahnt im Brief an die Römer: „Gleicht euch nicht dieser Welt an, sondern wandelt euch und erneuert euer Denken, damit ihr prüfen und erkennen könnt, was der Wille Gottes ist" (Röm 12,2).
Wer in der Reihe ist, braucht natürlich nicht nachzudenken, beispielsweise ob die Richtung der „Karawane" stimmt, oder ob das Ziel wirklich erstrebenswert ist. Das Vor- und das Nachdenken besorgen andere: Es wird gedacht. Das erscheint vielen als ganz normal. Der Ausbrecher oder Aussteiger, einer der nicht auf der Reihe ist, erscheint als anormal. Das stimmt aber nur, wenn normal sein, genormtsein heißt. Paulus sagt: Gott mag aber keine genormten Typen, Menschen, die über den gleichen Leisten geschlagen sind und ihre Meinung und ihre Haltung von anderen beziehen. Er will den freien Menschen, der über sein Leben und seine Ziele nachdenkt, der sich seine Orientierungspunkte selber sucht und der deswegen auch aus der Reihe springt, um seine Ideen und seine Taten selbst zu verantworten.

Atheist

Ein Atheist, der mit einer Gruppe von Bergsteigern einen Gipfel erklommen hatte, spottete über die frommen Worte, die im Gipfelbuch standen. „Gott, wir danken dir, daß du die Berge erschaffen hast", lese ich da. Er lachte und sagte laut, daß es alle hören mußten: „Wie kann etwas, was es gar nicht gibt, etwas erschaffen. Da gibt es keinen Grund zur Dankbarkeit, alles ist Zufall." Seine Begleiter schwiegen.

Beim Abstieg kam der Atheist vom Weg ab und rutschte über eine Felsplatte einem Abgrund zu. Kurz vor dem Abbruch konnte er sich mit einer Hand an einem Latschenzweig festhalten. Er wußte, daß er sich nicht lange würde festhalten können, deswegen schrie er laut um Hilfe; aber niemand hörte ihn, da die Begleiter vorausgegangen waren. In seiner Not schrie er zu Gott: „Gott, wenn es dich gibt, dann rette mich und ich werde allen Menschen verkünden, daß du existierst." Kaum hatte er das gesagt, hörte er von Oben eine kräftige Stimme: „Glaubst und vertraust du wirklich, daß du nie tiefer als in die Hand Gottes fallen wirst." – „Ja, ich glaube", beteuerte der Atheist. „Dann laß den Zweig los!" sagte die Stimme. „Ich bin doch nicht verrückt!" schrie der verzweifelte Mann. Wenig später lösten sich die Wurzeln der Latschenkiefer und der Atheist stürzte in den Abgrund.

Aufregung

„Ich rege mich überhaupt nicht auf!" Natürlich regt sich einer auf, wenn er sagt: Ich rege mich überhaupt nicht auf! Zumindest in zwei von drei Fällen ist das so.

Ist es eigentlich so falsch, wenn ich zugebe, daß ich mich aufrege, weil eine Sache schief gelaufen ist? Weil ich mich über einen Menschen geärgert habe, der sein Wort nicht gehalten hat? Warum soll ich nicht Krach machen wegen einer Unverschämtheit oder Alarm schlagen, wenn Unrecht geschieht? Wir wären langweilige Typen, wenn uns nichts mehr aufregen könnte!

Die Aufregung bringt in uns einiges durcheinander, was bislang hübsch nebeneinander und beisammen war: Das muß nicht unbedingt ein Schaden sein, wenn wir dann wieder zu einer neuen Ordnung kommen. Aber es ist wichtig, darauf zu achten, was uns aufregt.

Sind es immer nur Kleinigkeiten, die uns durcheinander wirbeln, dann stimmt etwas im ganzen Gefüge nicht; dann nehmen wir uns selbst zu wichtig. Dann bräuchten wir einen Menschen, der uns zu neuen Maßstäben hilft.

Auch Jesus hat sich aufgeregt. Das Neue Testament überliefert uns mehrere Ereignisse. Zum Beispiel als die geschäftstüchtigen Händler den Tempel Gottes zu einer „Markthalle und Räuberhöhle" gemacht hatten. Er regt sich auch über die Pharisäer auf, die der Heilung eines jahrzehntelang Gelähmten am Sabbat nicht zustimmen wollen.

Wenn es um den Menschen geht und um seine Zukunft, geht es immer auch um Gott; das heißt: es gibt in unserer Welt heutzutage Gründe genug, sich aufzuregen.

Ausrede

Gleich dreimal fiel mir in ganz kurzer Zeit der bunte Aufkleber ins Auge. Vor einem Stopschild, beim Rot an der Ampel und auf der Suche nach einem Parkplatz stand der Kleinwagen jedesmal direkt vor mir mit der Feststellung „Man gönnt sich ja sonst nichts". Ich mußte schmunzeln, denn der junge Fahrer schien sich einiges zu gönnen. Bei jedem Halt legte er seinen rechten Arm verliebt um eine junge Frau und auf dem Rücksitz spielte ein Kind vergnügt mit seiner Rassel. Die Lautsprecheranlage schien auch nicht ohne Power zu sein.

„Man gönnt sich ja sonst nichts", das kann eine Ausrede sein, alles mitzunehmen, was unsere Welt zu bieten hat. Da kann dann allerlei zusammenkommen, und der Mensch ist schnell außer Atem und unzufrieden, wenn er nicht alles bekommt und alles schafft.
„Man gönnt sich ja sonst nichts", das kann auch der Hinweis sein auf eine weise Selbstbescheidung: Man muß nicht alles haben und konzentriert sich deswegen auf das Wesentliche, das Wichtige. Sicher mehr unbewußt hatte das der junge Mann im Auto vor mir begriffen.
Bei Jesus Sirach fand ich ein wichtiges Wort: „Wer sich selbst nichts gönnt, wem kann der Gutes tun?" (14,4). Sich selber etwas gönnen, um zufrieden zu sein. Dann brauchen wir nicht neidisch auf andere zu blicken; wir können ihnen lassen, was sie genießen; wir können uns sogar darüber freuen.

Autofahren

Was sich auf unseren Autobahnen und Landstraßen abspielt, ist die Krankheit eines ganzen Volkes: Jeder will der Schnellste sein. Fährt ein Mercedes auf der Überholspur, dann rast bestimmt ein BMW oder ein GTI hinterher. Jeder weiß inzwischen, daß damit nichts gewonnen ist, weil man sich beim nächsten Stau wieder trifft. Was wird auf den Straßen in aller Offenheit erleben können, ist der Ausdruck für einen Defekt unserer Seele.

Schon bei Kindern im Kindergarten oder der Grundschule läßt sich beobachten, daß sie lieber nicht mitspielen, wenn sie keine Chance für sich sehen, Erster zu sein oder zu werden. Verlieren ist für ichschwache Kinder ein genauso großes Problem wie für ichschwache Autolenker das Überholtwerden. Bei Kindern wie bei Autofahrern (natürlich gibt es noch andere Beispiele) kommt dann oft noch eine zerstörerische Komponente hinzu: Wenn ich nicht gewinnen kann, wenn ich nicht vorwärtskomme, dann sollen andere auch nicht gewinnen oder ans Ziel gelangen.

Was steckt hinter der Ichhaftigkeit? Sicher eine Lebenskraft, die uns zur persönlichen Entfaltung und zum Lebensglück bringen will. Es geht um das Ziel des Lebens. Jesus, der unser ganzes Lebensglück will, ein „Leben in Fülle" wie er verheißt, korrigiert unser Ich dort, wo es sich auf Kosten oder in Konkurrenz zu anderen durchsetzen möchte. Wir können, auch vor Gott, nur dann einzigartig sein, wenn wir dem Ganzen dienen.

Ärger

Wenn einer nur will, kann er sich den ganzen Tag ärgern. Anlässe dazu gibt es genug: Lärmende Kinder, unruhige Nachbarn, boshafte Arbeitskollegen; das Wetter, die Politik, die Kirche...

Haben Sie schon einmal darüber nachgedacht, woher der Ärger eigentlich stammt? Ich vermute, daß es nur eine Ursache dafür gibt: Die Angst, daß andere oder etwas anderes wichtiger sind als ich. Machen wir einmal die Probe aufs Exempel. Wenn sie sich daran erinnern können, wann Sie sich das letzte mal so richtig geärgert haben, dann denken Sie darüber nach, warum der Ärger ausgelöst wurde. Es ist immer die Angst, es könne uns etwas genommen werden: die verdiente Ruhe durch lärmende Kinder; ein zufriedenstellendes Familienleben durch unruhige Nachbarn; die Anerkennung des Chefs durch neidische Arbeitskollegen; die gute Laune durch das miese Wetter; die Sicherheit durch eine dumme Politik; den Seelenfrieden durch unfähige Kirchenfürsten. Wir könnten die Liste fortsetzen.

Auch hinter einem anderen, der sich ärgert, steckt die Angst; je mehr er sich ärgert, desto größer ist die Angst. Nur wer sich fürchtet, ärgert sich. Es gibt kein Übel in der Welt, das nicht aus der Angst entsteht. Deswegen ist die Angst der größte Feind des Menschen. Wer sich nicht mehr ärgern will, muß anfangen, seine Angst durch Vertrauen und Liebe zu überwinden.

Baby

Es ist nicht nur amüsant, manchmal ist es direkt lehrreich, die Autoaufkleber zu studieren; vor allem, wenn man im Stau steckt, und Zeit genug hat, um nachzudenken. Der Aufkleber sendet eine Botschaft aus, über die man schmunzeln kann, über die es sich manchmal sogar lohnt, nachzudenken.

Neulich stand vor mir ein Kleinwagen mit dem Hinweis „Baby an Bord". Mein Blick ins Innere bestätigte: Hier fuhr auf der Rückbank ein kleines Kind mit. Wie zum Beweis seines Daseins winkte es fröhlich mit seiner Rassel nach allen Seiten...

„Baby an Bord", das drückt natürlich nicht nur den Stolz der jungen Eltern aus. Es zeigt sich auch ihre Sorge, die anderen Verkehrsteilnehmer möchten mit der nötigen Vorsicht und Rücksicht auf das Leben ihres Kindes achten.

Die Eltern sorgen sich um ihr Kind. Sie wollen alles für dieses Kind tun. Das zeigt sich natürlich auch sonst: Sie stellen Ansprüche an die Gesellschaft; erwarten vom Kindergarten die beste Förderung; später von der Schule eine gediegene Ausbildung...

Die Gefahr ist, daß Eltern über ihrem Kind alle anderen Kinder vergessen. Insofern ist dieses „Baby an Bord" eine Gewissensfrage an uns: Sind wir bereit, für eine kinderfreundliche Gesellschaft einzutreten, damit sich Kinder, alle Kinder, unter uns wohlfühlen können und geborgen sind?

Ballast

Von einem Wanderer, der sich das Ziel gesetzt hatte, bis ans Ende der Welt zu gelangen, wird erzählt, daß er unterwegs an einen reißenden Fluß kam, der seinen Weiterweg versperrte. Es gab weit und breit keinen Steg und keine Fähre.
Da baute sich der Mann aus Reisig, Zweigen, Holzstücken und anderem Material ein Floß. Das brachte ihn sicher über den Fluß. Als er auf der anderen Seite angekommen war, stellte sich ihm die Frage, ob er jetzt, sozusagen aus Dankbarkeit, das Floß mitschleppen, oder ob er es am Ufer liegen lassen sollte. Doch das Floß hatte seine Aufgabe erfüllt, nachdem es den Wanderer ans andere Ufer gebracht hatte. Wer ein großes Ziel vor sich hat, muß Ballast abwerfen.

Es hat also nichts mit Undankbarkeit zu tun, wenn wir Menschen und Dinge loslassen, die uns einmal hilfreich waren. Manche lassen sich von ihrer Vergangenheit, von den alten Geschichten, so gefangen halten, daß es für sie keine Zukunft gibt. Ihre Verpflichtungen verfolgen sie wie ein schwerer Ballast, der sie vorzeitig aufgeben läßt. Sie erscheinen wie ein Mensch, der ein Floß mitschleppt, obwohl er durch die Wüste gehen muß.
Deswegen sagt Jesus: Wer sein Leben um jeden Preis bewahren möchte, wird er verlieren; wer es loslassen kann, wird es gewinnen.

Bedeutung

Ich vermute, daß es Ihnen schon genauso ergangen ist, wie mir: Auf einmal überfiel mich das unangenehme Gefühl großer Einsamkeit.

Wie reagieren Sie darauf? Ich bin als erstes ein wenig ratlos. Dann versuche ich, das Gefühl der Einsamkeit irgendwie loszuwerden. Dazu bräuchte ich einen Menschen. Aber es ist – ausgerechnet jetzt – keiner da, der mir hilft, die Einsamkeit zu vertreiben. Und: Auch das ist meine Erfahrung: Auch zu zweit können wir schrecklich einsam sein.

Doch dann fange ich an, nachzudenken. Wie der Schmerz, so muß doch auch die Einsamkeit eine Bedeutung haben. Die Einsamkeit bringt mich mit mir selber zusammen. Ich werde mir meines Lebens bewußt. Durch die Einsamkeit wird mir auf einmal Zeit geschenkt, mir ganz allein.

Das muß nicht immer angenehm sein, denn in dieser Zeit kann ich so allerlei an mir entdecken: Das bist du also auch! So denkst du, was du vor anderen versteckst! Auf diese Art und Weise betrügst du dich selber!

Nach diesem Durchgang durch die Einsamkeit habe ich für mich entdeckt – und ich wünsche es Ihnen auch: Wer einsam sein kann, der bewältigt auch die Gemeinsamkeit.

Bedingung

Er hatte seinen vor acht Tagen geborenen Sohn und seine blutjunge Freundin gleich mitgebracht. „Ich möchte, daß Sie Stefan taufen!" sagte er und setzte den Jungen vor mir auf den Schreibtisch. Mit der freien Hand überreichte er mir die Geburtsurkunde und drängte: „Übermorgen, am Samstag! Oder am Sonntag?"
Ich hatte den Vater sofort erkannt: er gehörte zur Motorradfahrer-Clique, mit der ich kürzlich ein Bier getrunken hatte. Und ich wußte auch, dem konnte ich jetzt nicht kommen mit „Du gehörst nicht zu meiner Gemeinde!" oder „Ihr müßt zu eurem Pfarrer gehen!"
Aber ich sagte zu ihm: „Ich kann euer Kind nicht taufen, wenn ihr keinen Glauben habt und mit ihm nicht zur Kirche kommt!" Er nahm das Kind vom Schreibtisch hoch und sagte nur: „Aber wir können doch mit Stefan neu anfangen...".

Ich war geschlagen. Denn das war es eigentlich: Wir stellen uns und anderen alle möglichen Bedingungen. Das wichtigste aber vergessen wir, daß es die große Möglichkeit für alle gibt, neu anzufangen. Auch mit dem Glauben!
Ja, ich konnte mir sehr gut vorstellen, wie der selbstbewußte junge Vater seinem Sohn nicht nur das Lachen und das Laufen lehrte, sondern mit ihm auch den Glauben lernte. Er war schließlich in seinem Jungen einem Wunder begegnet, das Gott denen bereithält, die glauben wollen. Der indische Dichter Tagore hat das einmal so gesagt: „Jedes Kind, das geboren wird, bringt von Gott die Botschaft mit, daß er noch nicht an der Menschheit verzweifelt."

Begegnung

„Im Gespräch begegne ich nicht nur dem anderen, sondern mir selbst", schreibt einmal der jüdische Religionsphilosoph Martin Buber, der vor über einhundert Jahren in Wien geboren wurde. Natürlich sind diese Nachtgedanken kein richtiges Gespräch. Sie können mich zwar hören, irgendwo in Bayern, vielleicht auch noch ein Stück über die Landesgrenzen hinaus. Aber ich kann Sie nicht hören, ich weiß nicht, wie ich bei Ihnen ankomme, wie Sie sich fühlen, was Sie jetzt denken. Und doch habe ich versucht, mich auf Sie einzustellen; Ihnen zu dieser Nachtstunde noch ein gutes Wort zu sagen. Vielleicht ist es heute das erste gute Wort, das Sie trifft? Dann kommen meine Gedanken für Sie, meine guten Wünsche zur rechten Zeit.

Manchmal ist es so, wenn wir beten, wenn wir in ein Gespräch mit Gott eintreten. Dann fragen wir uns, ob da wirklich einer ist, der uns zuhört, ob es einen gibt, der uns erhören kann. Wenn Jesus mit seinem Vater im Himmel spricht, ist er sicher, daß er gehört wird. Es sind uns in der Heiligen Schrift zwar keine direkten Antworten Gottes überliefert. Aber so wie das Leben Jesu weitergeht, ist es ein Beweis für diese Antwort. Ich bin sicher: So wie Sie mich jetzt hören können, hört uns Gott. All das Gute, Schwere, Wichtige und Nebensächliche, das wir für unser Leben brauchen, kommt über ihn verwandelt zu uns zurück und läßt unser Leben weitergehen.

Wenn kein Mensch uns weiterhelfen wollte oder könnte: Im Gespräch mit Gott begegnen wir uns selbst. Es ist für uns und unser Leben sehr wichtig, daß wir uns wenigstens einmal am Tag begegnen; warum nicht im Gebet?

Beispiel

Ein weiser Mensch wurde von einem unsicheren Zeitgenossen gefragt: Was ist die Aufgabe meines Lebens? Statt einer direkten Antwort erzählte der Weise diese Geschichte: Eine Hyäne, die sich verletzt hatte, so daß sie mit dem Rudel nicht mehr auf Jagd gehen konnte, wurde von einem Tiger ernährt. Großmütig ließ die Raubkatze die Reste seiner Beute liegen, so daß die Hyäne ein gutes Auskommen fand.
Der Mann ging beruhigt hinweg und ließ sich fortan von seiner Familie versorgen; wie ein krankes Tier erwartete er, daß sich jeder um ihn kümmere. Doch die Angehörigen waren es bald leid, ihn auszuhalten und stellten ihre Hilfe und ihre Fürsorge ein. Da ging jener Mann wieder zu seinem Ratgeber und beklagte sich bitter. Doch der Weise gab ihm zur Antwort: „Du bist nicht für die Aufgabe der Hyäne, du bist für die Aufgabe des Tigers bestimmt."

Geben ist seliger denn nehmen, sagt die Schrift und fordert uns damit heraus, großmütig wie jener Tiger zu sein. Romain Rolland formuliert es so: „Ihr denkt stets an das, was ihr behalten oder verlieren könnt. Denkt doch an das, was ihr geben könnt."

Belastung

Märkte, Messen und Ausstellungen faszinieren mich. Besonders haben es mir die bunten Bauern- und Blumenmärkte angetan. Nicht nur im Urlaub nehme ich mir dafür viel Zeit, um zu sehen, zu betrachten, zu staunen.

Doch selten kaufe ich etwas. Nicht etwa, weil ich keinen Bedarf hätte. Ganz im Gegenteil: Vieles, was da angeboten wird, fände seinen Platz in meinem Haus. Beim Betrachten male ich mir die Wirkung eines Tonkruges oder eines Bilderrahmens aus und suche für diese Gegenstände bereits einen günstigen Ort. Aber dann verwerfe ich meine Pläne. Denn es kommen andere Gedanken auf: Zum Beispiel, daß ich schon viel zu viel habe und daß ich mich mit den Sachen nur belaste.
Und dann denke ich auch, daß ich nicht alles haben muß, was ich mir leisten kann und was mir gefällt. Schließlich entsteht ein gutes Gefühl, wenn ich sehe, wieviele schöne Dinge es auf der Welt gibt, ohne die ich auskommen kann: Nicht das ist Leben, zu wissen, was man alles braucht und gerne hätte, sondern einzusehen und zu verstehen, was man nicht braucht.

Bescheid

„Sie bekommen noch Bescheid!" – „Sie werden noch von uns hören!" Wie vielen 1000 jungen und älteren Menschen sind diese Sätze bei ihrer Suche nach Arbeit schon gesagt worden! Tausende haben sich daran festgeklammert, haben auf einen Brief im Kasten, auf einen Telefonanruf gewartet: Vergeblich!

„Sie bekommen noch Bescheid!" Das ist zwar ein glasklarer deutscher Satz, und doch muß er noch in unsere Sprache übersetzt werden. In Wirklichkeit sagt er nämlich aus: Sie brauchen sich gar keine Hoffnung zu machen; ich kann oder ich will für Sie nichts tun.
Wir sind im Umgang miteinander auf grausame Weise unehrlich. Statt klipp und klar zu sagen, was Sache ist, auch wenn es schmerzt, lassen wir den Fisch so lange an der Leine zappeln, bis er merkt, daß ihm die Luft ausgeht. Wir nennen das Rücksicht und sagen: „Sie bekommen noch Bescheid!"

Das Evangelium Jesu drückt sich klar und deutlich aus. Es sagt zu dem einen „Tu das!", zum anderen „Laß das!". Es sagt: „Folge mir nach!" zu einem, der nur so sein Lebensglück finden kann, und: „Sündige nicht mehr!" zu einem, der damit erkennen kann, wie es mit ihm weitergehen soll.
Vom Evangelium zurück zu uns: Wir können schon morgen anfangen, eine offenere Sprache zu sprechen. Wir können dem anderen morgen schon wirklich Bescheid geben, damit er mit uns etwas anfangen, damit er vielleicht selber neu anfangen kann.

Beschwörung

Ein Bekannter hat mir diese kleine Geschichte erzählt: Der Motor seines Autos war mitten auf der Kreuzung abgestorben. Trotz seiner verzweifelten Bemühungen sprang er nicht mehr an. Direkt hinter ihm hupte nervös ein junger Autofahrer, einige andere stimmten in das Hupkonzert mit ein. Da sei er aus seinem Wagen ausgestiegen und habe dem jungen Mann die Autoschlüssel mit den Worten überreicht: „Sie können gerne versuchen, meinen Wagen zu starten, ich hupe so lange für Sie!"

Natürlich können Psychologen aus ihrer Kenntnis der menschlichen Seele deuten, daß erboste Autofahrer ihren Zorn und ihren Frust über die Hupe entladen. Aber nachdem jeder einmal in eine solche oder ähnliche Situation kommen kann, müßte doch auch jedem klar sein, daß seine Huperei sinnlos ist. Vielleicht ist aber die Hupe eine moderne Art der Geisterbeschwörung. Der Lärm, der zu Silvester oder bei einem Polterabend gemacht wird, diente ja ursprünglich dazu, die bösen Geister zu verscheuchen. Vermutlich können auch die Raser auf den Autobahnen ihre insgeheime Angst nur durch Signalzeichen oder die Lichthupe vertreiben. Das wäre die Erklärung: Die Autofahrer hupen gar nicht gegen einen anderen Verkehrsteilnehmer. Sie hupen für sich selbst, um ihre Unsicherheit und ihre Ängste abzubauen.
Der Beweis dafür, daß gläubige Menschen nicht hupen, müßte allerdings noch erbracht werden.

Besetzt-Zeichen

Ich probiere es wieder und wieder: Besetzt. Vom anderen Ende der Telefonleitung die sattsam bekannten Töne. Obwohl ich einen Freund anrufen möchte, steigt Unmut in mir auf: Gerade jetzt, wo ich ihn unbedingt sprechen müßte!

Dom Helder Camara, der frühere Erzbischof von Recife in Brasilien, oft auch „der kleine Bischof" genannt, schreibt in seinen mitternächtlichen Meditationen:

Vorüber die Autobusse,
eine Eile,
ohne Halt,
mit der Aufschrift,
die ich niemals verwenden darf:
BESETZT.

Besitz

Aus Afrika stammt diese Geschichte: Nach dem Gottesdienst des Missionars wollten die Leute noch beten und der Europäer gesellte sich zu ihnen. Ein älterer schwarzer Christ betete: „Herr, laß nie zu, daß wir uns Steinhäuser bauen wie die Weißen." Die Versammelten antworteten mit „Amen! Amen!" Der Missionar erkundigte sich nach dem Sinn dieses Gebetes und bekam zur Antwort: „Wenn wir ein Haus aus Stein bauen, brauchen wir eine Türe und ein Schloß. Hinter dem Schloß wird der Besitz angesammelt und man hat ein Leben lang nichts zu tun, als die Besitztümer zu bewachen." Ich mußte bei dieser Geschichte an die Siedlungen der „armen" Reichen denken, die ich in lateinamerikanischen Städten gesehen hatte, mit Elektrozäunen umgeben, von Schäferhunden und Schwarzen Sheriffs bewacht.

Es ist schon ein Problem, daß wir Besitz haben, weil die Welt dann in „mein" und „dein" eingeteilt ist. Dazu kommt, daß wir von unserem Besitz oft geradezu wie besessen sind. Solange wir um unseren Besitz kreisen, so lange wir nicht gebrauchen, ohne daß uns die Dinge mißbrauchen, kommen wir nicht zu uns selbst. Wenn Jesus davon spricht, daß der sein Leben gewinnt, der es aufgibt, dann hat das auch mit dem zu tun, was wir haben, womit wir uns belasten und was wir so loslassen müssen, bevor wir uns auf den Weg zu unserer Mitte machen können.

Bewußtheit

Es ist eine Sache, ob wir etwas wissen, eine andere Sache ist, ob uns etwas bewußt geworden ist. Das Wissen bleibt sehr oft im Kopf hängen. Die Bewußtheit ist die Sache des ganzen Menschen, sie ergreift ihn ganz und gar.

Ein Bekannter berichtete mir, wie er sein Leben von einem Tag auf den andern geändert habe: „Alkoholiker machen gerne ihre Sprüche. Zum Beispiel erzählen sie gerne von den Zwillingen: Der eine hat nichts getrunken und ist im Alter von zwei Jahren gestorben; der andere trinkt täglich seine Bierchen und ist jetzt schon 70! So dachte ich irgendwie auch und so lebte ich. Bis ich Probleme mit meiner Bauchspeicheldrüse bekam und der Arzt gleich bei der Erstuntersuchung meinte, das könne vom Trinken kommen. Auf meine bange Frage „Krebs?", antwortete er: „Vielleicht. Wir müssen jedenfalls die entsprechenden Untersuchungen vornehmen." – „Seither habe ich keinen Tropfen mehr getrunken", erzählte er weiter: „Vorher wußte ich, daß Alkohol gefährlich sein kann, jetzt war ich mir dessen bewußt. Das ist ein gewaltiger Unterschied."

So ähnlich geht es uns mit dem Glauben an Gott. Wir haben im Religionsunterricht sehr viel gelernt. Meist blieb das die Sache des Kopfes; es blieb Wissen, mehr nicht. Weil das Wissen nicht lebte, war es auch bald wieder vergessen. Gott muß bewußt werden. Gott muß einer kosten, schmecken und fühlen können. Erst dann ist er Realität.

Beziehungen

Beziehungen. Dieses Wort hat einen guten Klang. Es ist wie ein Zauberwort. Ein „Sesam öffne dich!" Wer Beziehungen hat, der öffnet Türen, überwindet Schwierigkeiten, der schlägt damit Brücken und überspringt Gräben. Mit Beziehungen hat es ein Mensch ganz einfach leichter. Beziehung heißt – einen Menschen kennen, der an der Pforte, im Sekretariat oder an einer sonstigen Schaltstelle sitzt. Allein das schon hilft weiter.

Ich stelle mir das sehr schön vor. Je mehr Menschen einander kennen, desto enger würde das Netz von Beziehungen geknüpft, desto mehr Berührungspunkte und Kontakte könnten sich ergeben: Einer hilft dem anderen. Am Schluß wäre das Netz so dicht geworden, daß keiner mehr durch die Maschen fallen müßte. Ich weiß, das ist wie ein schöner Traum, der so leicht nicht in Erfüllung geht. Denn noch immer werden Menschen durch die Beziehungen anderer eher zurückgesetzt. Früher sagte man, wenn zwei sich liebten, sie hätten eine Beziehung. Aus einer solchen Beziehung konnte der Ernstfall entstehen: Da waren zwei durch die Liebe so aufeinander angewiesen, daß der eine ohne den anderen nicht mehr sein konnte.

Wer hindert uns eigentlich, solche Beziehungen anzufangen? Schließlich sind wir Menschen aufeinander angewiesen, so oder so. Dann ist es schon besser, nicht zu warten, bis einer auf uns zukommt. Auch das größte und tragfähigste Beziehungsgeflecht beginnt mit dem ersten Knoten. Wir sollten damit beginnen.

Bibel

Mit der Bibel leben heißt nicht, ihre Texte wie einen Steinbruch zu benutzen und ihre Worte als Gebrauchsware oder gar als Waffe zu gebrauchen. Mit der Bibel leben heißt auch nicht die Propheten zu zitieren, oder Worte von Jesus aufzusagen und die Briefe des Paulus ins Feld führen. Das ist die Art der Fundamentalisten, die dann große Mühe haben aus dem selbstgestrickten Netz der Worte und Sprüche herauszukommen.

Mit der Bibel leben heißt, die Botschaft Gottes ins eigene Leben zu übersetzen. Dann erst fangen wir an, das zu verwirklichen, was Jesus wichtig war. Vor kurzem kam es zu einem Streitgespräch mit einer jungen Frau, die darauf bestand, den „Sabbat zu heiligen", wie es in der Bibel vorgeschrieben sei. Auch auf die Gefahr hin, das Zusammenleben in der Familie zu gefährden. Sie war um nichts in der Welt, „schließlich wolle sie sicher in den Himmel kommen", so argumentierte sie, dazu zu bewegen, hinter dem Wortlaut des Gebotes den Geist zu entdecken.
Dieser Geist wird von Jesus ganz eindeutig erklärt: „Der Mensch ist nicht für den Sabbat da, sondern der Sabbat für den Menschen." Wenn die frühen Christengemeinden sich entschlossen haben, wegen der Auferstehung Jesu künftig den Sonntag zu feiern, verstießen sie gegen die Buchstaben, aber sie erfüllten den Geist. Wie heißt es doch auch in der Bibel: „Der Buchstabe tötet."

Bibelkreis

Ganz am Anfang war es wohl so: Als Theologe war ich in allen strittigen Fragen, vor die uns ein Bibeltext stellte, an der Reihe. Es gab ja auch wirklich vieles aus der Zeit, da die Schriften der Bibel entstanden, zu deuten und zu klären. Heute höre ich eher zu und bin jedesmal überrascht, welche Glaubens- und Lebenserfahrungen in der Gruppe ausgetauscht werden.

Bislang war in der Bibel eine Botschaft verborgen, die ich auszurichten hatte. Auf einmal sprach die Bibel durch den Mund einfacher Mitchristen, allesamt Laien, wie es so schön heißt, zu mir. Sie waren Fachleute. Das stellte sich vor allem dann heraus, als wir anfingen, ein Evangelium für unsere Gemeinde aus der Sicht einer Frau, der Maria von Magdala, zu schreiben. Sehr oft stellte sich die Frage: Wie sieht eine Frau das, was Jesus gesagt und getan hat, und was bedeutet das für unseren Alltag? Welche Konsequenzen hat die Frohe Botschaft, wenn wir sie unter den Leiden und den Freuden einer Frau erfahren?
Nicht nur mir, auch den anderen ist es so ergangen, daß sich eine Art Heimatgefühl entwickelt hat. Wir waren plötzlich in der Bibel zu Hause, weil sie Antwort gab auf unsere Fragen. Die Antworten wurden fruchtbar für das Leben des einzelnen und der Gruppe, die immer mehr zu einer spirituellen Gemeinschaft zusammen wächst.

Bischof

War es in der Schweiz oder in einem anderen kleinen Land?, ich habe es vergessen. Jedenfalls muß es kirchlich gesehen ein fortschrittliches Land gewesen sein. Die Christen kamen zusammen, um über ihren Bischof zu beraten. Jeder Mann und jede Frau, sogar die Kinder konnten ihre Meinung frei sagen. Am Ende kam ein Urteil heraus, das die Sprecherin der Versammlung zusammenfassend vortrug: „Dieser Mann kann nicht länger unser Bischof sein, denn er übt Macht über uns aus. Der Bischof aber muß ein geistlicher Begleiter sein." Als jemand nachfragte, was denn ein geistlicher Begleiter und damit ein Bischof zu tun habe, antwortete die Sprecherin: „Ein Bischof muß anregen, statt Vorschriften machen; er muß wachrütteln, statt Druck zu erzeugen; er muß Visionen haben, damit er uns zeigen kann, wohin der Weg führt."
Dann verfaßte der Christenrat jenes kleinen Landes einen Brief an alle Gemeinden des Bistums. In dem Schreiben baten sie alle, einen Vorschlag zu machen, welche Frau oder welcher Mann künftig der geistliche Begleiter des Bistums sein solle.

Während alle gespannt auf eine Antwort warteten, wachte ich auf. Ich hatte diese schöne Geschichte leider nur geträumt. Aber, wie heißt es in einem Lied: „Wenn alle träumen, das Gleiche träumen, dann wird er wahr, der schöne Traum."

Bitte

„Kennst du das Zauberwort nicht?" fragte die Mutter ihren Fünfjährigen, der unbedingt etwas zum Naschen haben wollte. „Bitte", sagte der Knirps schnell, „bitte, bitte!" und er bekam seine Schokolade. Nicht immer werden unsere Bitten so schnell erhört, aber es stimmt schon, daß uns das Zauberwort „bitte" manche verschlossene Türe öffnen kann.

Jesus sagt einmal: „Bittet, dann wird euch gegeben." Wir dürfen, wir sollen auch Gott bitten, heißt das. Aber ist es nicht auch unsere Erfahrung, daß das Zauberwort Gott gegenüber keinerlei sichtbare Wirkung zeigt? Wie oft haben wir um etwas gebetet, was uns für unser Leben wichtig schien, und es wurde uns nicht gewährt. Macht es überhaupt einen Sinn, fragen wir uns, Gott in seinen ewigen Plänen umzustimmen? Vielleicht liegt der Sinn unseres Betens und Bittens gerade darin, daß wir uns auf die Pläne Gottes einstimmen?

Ein Mann hatte um einen Lottogewinn gebetet. Sehr eindringlich tat er das, seit Monaten, immer wieder. Doch Gott schwieg. Endlich machte unser Bittsteller Gott bittere Vorwürfe: „Willst du für mein Lebensglück mir keine Chance geben?" Da war ihm als höre er Gottes Stimme: „Gib du mir eine Chance, fülle endlich einen Lottoschein aus!"

Bosheit

Ein vernünftiger Mensch hat einmal nachgezählt und festgestellt, daß wir für ein Lachen nur halb soviele Muskeln bewegen müssen, wie für ein kritisches, ernsthaftes oder gar böses Gesicht. Es ist also in der Tat, wie Bert Brecht einmal schrieb, schon rein äußerlich „anstrengend, böse zu sein".

Der böse Mensch macht nicht nur anderen das Leben schwer, er macht es sich selber schwer. Wut und Ärger, Zorn und Neid und all die dunklen Gefühlsregungen, die uns gelegentlich überschwemmen, gehen uns auf die Seele, schlagen auf Magen, Herz oder Nerven, können uns krankmachen, wenn wir sie zulassen, wenn wir sie pflegen.
Jesus rät daher: „Leiste dem Bösen keinen Widerstand". Ich vermute, daß dieser Rat ganz wörtlich gemeint ist. Wer einen Widerstand aufbaut, der staut das Böse an. Weil es nicht auslaufen kann, wird es immer mächtiger und kräftiger; es zerbricht am Ende alle Dämme und kann zerstören, was sich dann noch in den Weg stellt. Das Böse reagiert auf Böses noch böser. Schlimmer noch: Wer gegen das Böse angeht, fängt bald an mit den Waffen des Bösen zu kämpfen; er wird selber böse. Für ein Lächeln, für ein freundliches Gesicht braucht es keine besondere Anstrengung; ebenso geht es mit unseren Gedanken und Gefühlen.
Wer es einmal ausprobiert hat, weiß, wie befreiend es ist, wenn wir gegen alle Erwartung gut sind. Wir fühlen uns dann ganz leicht und ganz froh.

Botschaft

Nach dem Motorradgottesdienst sprach mich einer an: „Sie kommen doch auch mal in unseren Club? Wir treffen uns immer freitagabends, nach neun Uhr." – Zugegeben, es kostete mich schon einige Überwindung, mich mit den Lederjacken-Burschen in ihrer Stammkneipe zu treffen. Das Bier schmeckte ihnen offensichtlich; und ich trank die Halbe, die sie mir spendiert hatten, gerne mit. Auch bei der Gegeneinladung, die dann fällig war, sie kamen für meine Begriffe pikfein ins Pfarrhaus, schmeckte ihnen das Bier. Das sprach ich offen aus und fügte ein wenig scherzhaft hinzu: „Aber den Geschmack am Glauben habt ihr verloren?"
Nein, sie glaubten schon irgendwie an Gott, das war ihre übereinstimmende Meinung. Aber Kirche? Das ist doch immer dasselbe. Da sitzen doch bloß die feinen Pinkel und die alten Omas. Und immer das gleiche Gelaber.
In ihrer Clique, da sei alles anders. Da bliebe keiner alleine, da wäre immer etwas los. Und dann schwärmten sie von ihren schweren Maschinen und von den Wochenenden, die sie gemeinsam irgendwo zwischen den Autobahnen verbrachten. „Da geht es so richtig zu!" sagten sie.

Vielleicht geht es in der Kirche wirklich nicht mehr richtig zu, weil wir das Menschliche aus den Augen verloren haben? Genau das wollte Jesus, der Mensch für die Menschen, nicht. Gott, den er seinen und unseren Vater nennt, hat sich schon für die Menschen des Alten Testamentes einen Namen gegeben, der so richtig menschlich ist. „Ich bin für euch da!" – sagt Gott von sich. Und uns hat man ständig beigebracht, wir müßten für Gott da sein.

Gott ist für uns da! Das ist die erste und wichtigste Botschaft des Christentums.

Brotvermehrung

Menschen des Computerzeitalters, ich sitze beim Schreiben dieser Zeilen selber vor diesem Gerät, nehmen mit einer gewissen Trauer den Verlust an Nachbarschaft und Solidarität zur Kenntnis. Sicher haben zu diesem Verlust die umfassenden Versicherungen und Sozialleistungen beigetragen. Wenn dieses Gefüge jetzt am wegen der Unbezahlbarkeit am Zerbrechen ist, mag das ein Signal zur Neubesinnung sein.

Beim Anblick der hungrigen Volksmenge reagierten die Jünger ähnlich egoistisch wie heutige Zeitgenossen. Sie sagen zu Jesus: „Schick sie doch weg!" Jesus läßt die Leute bleiben. Damit erteilt er seinen Jüngern eine Lektion: Das Wunder der Brotvermehrung ist ein Wunder der Solidarität, ein handgreiflich gewordener Hinweis auf die gegenseitige Verantwortung. Deutlich wird das in der Mystik der Zahlen: Fünf Brote und zwei Fische ergeben die Sieben. Sieben ist die Zahl der Fülle. In der verheißenen Fülle „Ich will, daß sie das Leben haben und zwar in Fülle", sagt Jesus, ist das Wohlwollen Gottes erkennbar. Wenn dann nach der Speisung zwölf Körbe voll Brot übrig blieben, ist das auch voller Bedeutung. Zwölf ist die Zahl der Vollendung: Genug für alle.
Für mich ist die Brotvermehrung das einzige Sakrament, das Jesus eingesetzt hat, das Sakrament des Teilens; das Sakrament der offenen Hände und des offenen Herzens.

Charme

Bei der Trauerfeier wurden nicht viele Worte gemacht; es war ja nur ein alter Mann, der da begraben wurde. Verwandte hatte er offensichtlich keine. Mich beeindruckte bei der kleinen Feier der Satz einer jungen Frau, die mit ihren beiden Kindern gekommen war: „Er war ein charmanter, alter Herr", sagte sie zum Abschied und legte eine gelbe Rose auf den Sarg.

Ein Mensch mit Charme. Leider ist das Wort sehr heruntergekommen und fast zu einer oberflächlichen Liebenswürdigkeit entartet. Hier, angesichts des Todes, hatte das Wort Charme seine Bedeutung zurückgewonnen.
Ursprünglich bezeichneten wir mit Charme die Freundlichkeit, die Offenheit, die Rücksicht und die Hilfsbereitschaft eines Menschen, also jene geistliche Haltung, ohne die zum Beispiel Liebe und Freundschaft nicht gelingen können.
Genau gesehen ist nur Gott charmant; denn in diesem Wort stecken Gnade, Geschenk, Güte und Wohlwollen, alles Begriffe, die wir in erster Linie von Gott aussagen. Erst wenn wir uns vom Geist Gottes, also von seinem Charme anstecken lassen, dann haben wir jene Ausstrahlung, die andere anrühren und bewegen kann.
Bei einem charmanten Menschen sind Worte und Taten in einem Einklang; das was er sagt und das was er tut, verschmelzen zu einer Botschaft, die beim anderen ankommt, und eine Kette guter Taten in Gang setzt.

Clown

Nur der Mensch kann lachen. Es gibt eine Urlust am Lachen. Der Vertreter dieser menschlichen Urlust ist der Clown. Der Clown – obwohl manchmal selber tieftraurig – versteht sich auf die Magie des Lachens. Lange Zeit war das Lachen in der Kirche zu Hause. Zum Beispiel noch das Osterlachen: Die Christengemeinde versammelte sich am Auferstehungstag, einerseits um den Satan auszulachen, der den Todeskampf verloren hatte; andererseits, um als befreite Menschen von Herzen zu lachen: Die Zukunft war gewonnen.

Das Lachen hat keine Heimat in der Kirche mehr. In der Kirche gibt es nichts zu lachen. Je mehr Leben und Freiheit aus der Kirche auszogen, besetzten Lehre und Gesetz die freien Räume. Das Lachen fühlte sich nicht mehr wohl: Es blieb den Christen buchstäblich im Halse stecken.
Dabei hätte das Lachen die Aufgabe, die Religion vor der Erstarrung zu bewahren, vor falscher Ernsthaftigkeit und der Versuchung, irgendetwas in der Welt für unveränderlich oder unfehlbar zu halten. Wer lacht, leistet Widerstand im besten Sinne des Wortes. Nicht nur die Kirche, auch der Kommerz und das Fernsehen vertragen keinen Widerstand.

Die Welt ist arm geworden, seit es keine Clowns mehr gibt. Denn der Clown stiftet nicht nur zum Lachen an; er erleichtert zugleich Menschen von ihren Tränen.

Depression

Die Depression ist keine Krankheit von heute. Schon im Altertum haben sich Menschen mit der „trostlosen Traurigkeit" abquälen müssen. Die Behauptung, „weil es so wenig Glauben gibt, gibt es so viele depressive Menschen", ist schlichtweg falsch, auch wenn sie von Pfarrern kommt. Die Depression hat so viele Gesichter wie es menschliche Schicksale gibt.
Die Depression ist eine Krankheit. Aber der Mensch hat diese Krankheit nicht so wie er einen Arm gebrochen oder eine Grippe bekommen hat; die Depression wurde in den meisten Fällen als eine Art Ausweg aus einer ausweglosen Situation gewählt. Freilich war das keine bewußte Entscheidung. Ein Weg der Therapie ist es, dem Kranken den Hintergrund seines unbewußten, negativen Weges zu erhellen.

Wer depressiv krank ist, ist nicht mehr schuldig; er trägt keine Verantwortung mehr; er kann keine Verantwortung mehr tragen. In diesem Sinne sind manche lieber krank als gesund. Aber es muß noch einmal betont werden: Dem Kranken ist dieser Zusammenhang nicht bewußt. Die schwierige Begleitung des Depressiven besteht darin, einen besseren Weg für die Bewältigung der Lebensprobleme zu finden. Bis der gefunden ist, ist die Entlastung des Kranken gefragt, damit er sich mehr und mehr aufrichten und seinen Aufgaben ins Auge sehen kann. Dann kehrt auch der Wunsch nach Veränderung und nach neuem Leben zurück.

Deutung

Oft geht es bei meinen Nachtgedanken um das Geschichtenerzählen. Doch kommt es nicht darauf an, alle Vorgeschichten zu kennen, die einen Anlaß bieten, über ein bestimmtes Problem nachzudenken. Es kommt darauf an, ob wir uns überhaupt noch Geschichten erzählen, damit sich etwas bewegen kann.

Wir haben gesagt, in unserem Kulturkreis kommt Gott als Person in Geschichten und Märchen kaum vor. Aber er kommt vor, wenn wir uns gegenseitig Geschichten erzählen; er kommt vor, wenn wir einen Zuhörer finden, er kommt vor, wenn wir zuhören können. Vielleicht ist es Ihnen auch schon so gegangen wie mir: in dem Augenblick, in dem ich einem anderen eine Geschichte, meine Geschichte erzählt hatte, wurde mir die Deutung geschenkt, nach der ich so lange gesucht hatte. Desgleichen konnte ich aus den Erfahrungen und aus den Schicksalsschlägen anderer lernen, oder durch ein Wort beitragen zur Deutung dessen, was Leid - oder Freudvolles geschehen ist.
Damit ereignet sich ein nächster Schritt: Durch den Austausch der Erfahrungen, vor allem durch die Annahme dessen, was der andere erlebt oder erlitten hat, wird.uns geistliches Wissen geschenkt. Etwas, was uns keiner mehr nehmen kann.

Dreiklang

Wenn wir von „guten Werken" hören, dann denken wir zuerst an unsere Versäumnisse und bekommen ein schlechtes Gewissen. Denn manches, was wir in dieser Richtung schon lange tun wollten, ist bislang ein frommer Wunsch geblieben: Die Liste unserer Vorsätze ist lang, die Kette der „guten Werke" ziemlich kurz.
So widersprüchlich das klingt: Vielleicht liegt es ganz einfach daran, daß wir zu wenig für uns selbst tun. Schon im Kernstück des Neuen Testamentes, im Hauptgebot der Liebe, ist von einem Dreischritt die Rede: „Du sollst Gott lieben, und deinen Nächsten wie dich selbst" (vgl. Lk 10,27). Erst dieser Dreiklang macht den Menschen zum Menschen.

Es muß also einer mit der Liebe bei sich selber anfangen, wenn er zu „guten Werken" fähig sein will; erst recht, wenn er einen anderen Menschen, und über ihn auch Gott, liebhaben will. Diese Selbstliebe, also sich etwas wirklich gönnen, ist für viele, auch für religiöse Menschen, eine Schwierigkeit. Insgeheim halten sie die Selbstliebe für ein Unrecht nach dem Wort „der gute Mann denkt an sich selbst zuletzt".
Aber: Ein Mensch, der sich was wert ist, der sich was gönnen darf, ist in der Regel ein zufriedener Mensch. Wer im Frieden mit sich lebt, ist ein besserer Partner, ein hilfsbereiter Kollege, ein ausgeglichener Verkehrsteilnehmer. Die gesunde Selbstliebe wird zum Motor für die Nächstenliebe, also auch für die „guten Werke". Es rentiert sich, was für sich zu tun.

Dritte Welt

Die Lebenspyramide in der westlichen Gesellschaft sieht aus wie eine sterbende Fichte im Erzgebirge. Die unteren Äste fallen ganz dünn aus; die Krone ist kopflastig. Das Wachstum minimal. Das Wurzelwerk schwach und anfällig.

Die Jugend und damit die Zukunft gehört der Dritten Welt. In Lateinamerika gibt es Regionen, in denen Jugendliche unter 20 Jahren die Hälfte der Bevölkerung ausmachen. Mag es den jungen Leuten an Lebenserfahrung fehlen, an Lebenslust lassen sie sich, trotz der verbreiteten Armut und des Hungers nicht übertreffen. Ihnen gegenüber ist unser Verhältnis so ähnlich wie Eltern mit ihren Kindern umgehen: Wir sollten sie entwickeln und in ihre eigene Verantwortung entlassen. Das gebietet die Elternliebe. Doch was diese Art Liebe im Blick auf die Dritte, gar Vierte Welt angeht, habe ich große Zweifel.
So groß die Schulden dieser Länder sind, so groß ist ihre Begeisterungsfähigkeit. Da sind die Völker nicht nur Lateinamerikas tatsächlich wie Kinder. Wer aber im Evangelium liest, wie Jesus mit den Kindern seiner Zeit umgeht, der ahnt die Vorliebe Gottes für die Dritte Welt. Wir sind nahe daran, uns die Sympathie Gottes zu verscherzen.

Drogen

Ich habe nicht mitgezählt, zum wievielten Male er vor mir saß. Trotz guten Willens, die Sucht läßt den knapp 20jährigen nicht los. Da ist nichts anderes in seinem Kopf als die Frage, woher er den Stoff für den Tag bekommt. Mit den Volksdrogen Nikotin und Alkohol sind wir noch lange nicht fertig geworden, da überfluten uns neue Drogen, die uns erschrecken lassen, weil wir uns so machtlos fühlen.

Trotzdem: Alkohol und Heroin sind nicht die gefährlichsten Drogen, auch wenn sie Tausende an den Rand des Abgrunds bringen oder gar zerstören. Die schlimmste Droge ist das Kapital, das tote Geld, das unentwegt durch die Börsenplätze unserer Welt vagabundiert, immer auf der Suche nach dem schnellen, größtmöglichen Gewinn. Das schnelle Geld, täuschen wir uns nicht, kann nur durch die weitere Verschuldung der Armen gemacht werden. Ganze Nationen wandern in die Abhängigkeit, weil sie in den ungreifbaren Teufelskreis der Strukturen geraten sind. Keiner scheint verantwortlich; das Kapital kennt keine Freunde, nur Knechte.
Im Grunde ist das Kapital jener Mammon, von dem Jesus spricht; jene Droge die immer neu und verlockend den Großteil der Menschheit zugunsten weniger Auserwählter in den Bann zieht. Wenn wir Christen um unser tägliches Brot beten, dann dürfen wir es redlicherweise nur, wenn wir so mit dem Geld umgehen, daß niemand dadurch zu Schaden kommt.

Duft

Einmal im Jahr treffen sich Ehepaare, die in meiner Gemeinde kirchlich geheiratet haben. Im vergangenen Jahr haben wir den Partnern, die in ihre Hochzeitskirche zurückkehrten, ein Säckchen geschenkt, gefüllt mit Lavendelblüten. „Von jeder Begegnung soll etwas bleiben", haben wir dazu geschrieben: „Wenigstens ein zarter Duft."

Auch über dem Fest, das in Bayern traditionell Mariä Himmelfahrt genannt wird, liegt ein feiner Duft der Erinnerung an jene Frau, die still über unsere Erde gegangen ist und dennoch durch ihren Dienst am Menschen einen nachhaltigen Eindruck hinterlassen hat.

Eine alte Legende erzählt uns, nach ihrem Tod hätten Freunde Mariens noch einmal ihren Sarg geöffnet. Doch sie hätten nur Blüten und Kräuter gefunden, und ein wundersamer Duft habe sich ausgebreitet. Dieser Duft der guten Erinnerung wird wieder geweckt durch die Segnung der Kräuterbüschel in den Kirchen; dabei darf auch der Weihrauch nicht fehlen. Das alles will sagen: Nichts, was gut war an einem Menschen, geht verloren; keine Begegnung ist vergebens. Es bleibt immer ein zarter Duft und ein guter Geschmack der Erinnerung.

Ehrlichkeit

Von dem 33-Tage-Papst Johannes Paul I. ist ein bitteres Wort überliefert: „Zwei Dinge sind im Vatikan schwer zu bekommen: Ehrlichkeit und eine Tasse Kaffee." Als ich nach seinem frühen Tod diesen Ausspruch zum ersten Male hörte, wußte ich, was diesen fröhlichen und sensiblen Menschen buchstäblich umgebracht hatte: Sein krankes Herz hätte untertags öfter einmal eine Tasse Kaffee gebraucht und sein im guten Sinne des Wortes kindliches Gemüt eine Portion Offenheit und Ehrlichkeit. Beides war hinter den dicken Mauern nicht zu haben.

Wenn über das Verhalten kirchlicher Würdenträger gesprochen wird, wird nicht selten deren „intellektuelle Unredlichkeit" angesprochen. Gemeint ist nicht nur jene doppelte Moral, die „Wasser predigt und Wein trinkt", sondern vor allem das Vertuschen und das Verschweigen, die Halbwahrheiten und die Notlügen, mit deren Hilfe Schaden von der Kirche abgewendet werden soll. Besonders auffällig ist diese klerikale Form der Unredlichkeit, wenn es um den Zölibat geht. Kein anderes kirchliches Gesetz hat soviel Verlogenheit entstehen lassen.

Ein Lehrer sagte zu seinem Schüler, der sich einer Lüge angeklagt hatte und versicherte, in Zukunft redlich zu sein: „Redlichkeit ist nicht genug. Du brauchst zu deiner Reife Ehrlichkeit." – „Worin liegt der Unterschied", fragte der Schüler. „Ehrlichkeit ist ständiges Offensein für die Tatsachen", antwortete der Meister.

Einfachheit

Von einem Missionar wird berichtet, er habe, in Afrika unterwegs, auf einem Acker drei Männer getroffen. Die drei erkannten den Missionar an seinem Kreuz und sagten zu ihm: „Wir sind auch Christen!" Der Missionar fragte sie: „Wie betet ihr denn?" Die drei Ackerbauern offenbarten sich: „Wir sagen ganz einfach: ‚Wir sind drei und du bist drei. Sei uns gnädig, Herr!'"
Da begann der Missionar voller Eifer, ihnen andere, bessere Gebete zu lehren. Die drei strengten sich mächtig an und konnten bald eine Fülle von Gebeten auswendig. Stolz über seinen Erfolg reiste der Missionar weiter. Als er übers Jahr zurückkam, fand er die drei Ackerbauern traurig bei ihrer Arbeit. Sie sagten: Wir können nicht mehr beten, denn wir haben deine schönen Gebete alle vergessen." Da ging der Missionar in sich und sagte: „Betet wieder so, wie ihr es gewohnt wart: ‚Wir sind drei, du bist drei. Sei uns gnädig, Herr.'"

Es ist leicht, einem Menschen etwas wegzunehmen; es ist schwer, ihm dafür etwas zu geben. Wenn wir schon meinen, einen anderen korrigieren zu müssen, dann sollten wir uns vorher dreimal überlegen, ob ihn das wirklich weiterbringt. Das gilt auch für das religiöse Leben. Ich bin ziemlich sicher, daß Gott die einfachen Beter lieber sind, als die gescheiten und dann oft genug noch selbstgerechten Leute.

Einmaligkeit

Von Jules Renard habe ich dieses Wort gelesen: „Wenn ich das Leben noch einmal leben könnte, würde ich es wieder so wollen, wie es war."

Ein gutes Wort für den, der so sprechen kann. Denn er hat ganz bewußt gelebt, er hat offen gelebt für das, was der Tag bringt, was die Stunden schenken. Er hat selbst dann noch das Leben genießen können, als es nicht der reinste Genuß war. Wer das Leben noch einmal genauso leben möchte, ist reif geworden. Die Reife hängt mit unserem Bewußtsein zusammen, auch mit unserem Selbstbewußtsein. Als selbstbewußte Menschen, als Menschen, die das Leben annehmen, wie es ist, mit seinen Freuden und Schmerzen, Ecken und Kanten, wirken wir auf andere Menschen glaubwürdig. Als Männer. Als Frauen. Als Liebhaber. Dann sind wir zärtlich und verletzlich zugleich. Aber auch tragfähig und deswegen erträglich.

Wer noch einmal genau so leben würde, der ahnt, daß ihm Gott viel mehr Möglichkeiten schenkt, als er je ausschöpfen kann. Schon diese Ahnung der Fülle bringt uns genug Phantasie und Schwung, weiterzukommen, wenn uns einmal das Bewußtsein für die Einmaligkeit und die Schönheit unseres Lebens ausgehen sollte.

Einsamkeit

Die Feste sind vorbei. Endlich! sagen manche, denn sie fühlten sich überfordert. Überfordert deswegen, weil sie trotz der vielen Feste und Feiern am Ende doch wieder nur allein sind, auf sich ganz allein verwiesen. Viele vermeiden das Alleinsein um jeden Preis, weil sie Angst vor der Einsamkeit haben. Einsamkeit gehört aber zu unserem Leben, wie Geburt oder Tod. Die Einsamkeit signalisiert uns: Dieses Leben ist nicht alles, wie man uns weismachen möchte.

Es hat einer geschrieben: Nur wer einsam sein kann, kann die Gemeinsamkeit ertragen. Und auch die andere Erkenntnis ist wahr: Es gibt die Einsamkeit zu zweit. Wer seine Einsamkeit anderen anlastet, überlastet sie. Er erwartet beispielsweise vom Partner etwas, was der nicht leisten kann. Die Partnerschaft ist ein schlechtes Mittel, Gefühle der Einsamkeit zu überwinden.
Da ist es schon besser, sich in die Einsamkeit einzuüben; ganz bewußt das Alleinsein anzunehmen. Das ist schmerzlich; denn für viele gibt es einen besseren Zeitvertreib, als zu erlernen, mit sich selbst bewußt zu leben. Doch wir gewinnen nichts, wenn wir die Zeit vertreiben oder totschlagen. Wir gewinnen, wenn wir uns selber besser kennenlernen. Wenn wir zu uns sagen können: Das bist du also auch. Oder: Das steckt auch in dir. Wir werden dadurch nicht nur ehrlicher, wir werden offener. Offene und freie Menschen können das eine wie das andere genießen, manchmal sogar feiern: Gemeinsamkeit und Einsamkeit.

Eltern

Für Kinder gibt es nichts Schwierigeres als sich von ihren Eltern zu trennen; für Eltern gibt es nichts Leidvolleres, als ihre Kinder loszulassen. Besonders Mütter tun sich unsagbar schwer, die Selbstverantwortung der nächsten Generation zu akzeptieren. Sie schleppen ihre angebliche Verantwortung lange mit, manchmal bis ins Grab. Oft genug werfen sie das ihren Kindern vor. Väter reagieren eher durch Grobheit oder Verschlossenheit.

Von Jesus sind uns deutliche Worte der Ablösung überliefert, zum Beispiel diese harte Frage an seine Mutter: „Was willst du von mir, Frau?" Die Theologen haben sich seit Jahrhunderten bemüht, den schroffen Ton wegzuerklären, statt die Absage Jesu an familiäre Bindungen ernst zu nehmen. Wo liegt dafür der Grund? Wenn wir ehrlich sind, sind die meisten von uns auf irgendeine Art immer noch an die Eltern gebunden. Wenn sie schon gestorben sind, dann ist es nicht selten das „schlechte Gewissen", das uns an sie bindet.

„Jedesmal wenn wir nach Hause kommen", sagte mir ein Paar, das zum Ehe-TÜV mit den drei Kindern gekommen war, „machen uns die Eltern Vorwürfe. Deswegen besuchen wir sie immer seltener." Bei einem Vortrag zum Thema „Trennung" hieß es: „Trennung vom Elternhaus ist lebensnotwendig. Aber es gibt sie nicht." Erst wer sich ganz bewußt aus einer Bindung, auch zu den Eltern, löst, kann eine neue Beziehung zu ihnen beginnen.

Emanzipation

Eines Abends waren wir in eine lange Diskussion verwickelt, die je länger desto erbitterter geführt wurde. Im Kreis der Männer und Frauen wurde nach mehr oder minder deftigen Witzen und Anspielungen heftig über den Sinn und den Unsinn der Emanzipation gestritten.

Alle Standpunkte waren schließlich mehrfach ausgetauscht und standen sich unversöhnlich einander gegenüber. Die Gefahr war groß, daß aus den gegensätzlichen Meinungen und Überzeugungen persönliche Feindschaften entstehen konnten. Bis auf einmal einer fragte: „Was heißt eigentlich Emanzipation?" Ein Lexikon wurde zu Rate gezogen und dort stand: Emanzipation, aus der Hand schlüpfen, flügge werden, selbständig sein.
Im gleichen Augenblick kam wieder Bewegung in das Gespräch. So gefährlich konnte die Emanzipation doch gar nicht sein, wenn dadurch ein Mensch, ein Mann oder eine Frau, zum eigenen Leben befreit wird. Es ist für menschliche Entwicklung ungeheuer wichtig, dem Nest zu entfliehen, losgelassen zu werden, selbständig zu sein. Ein selbstbewußter Mann, eine selbständige Frau sind für ihre Umgebung wie ein Segen. Die Emanzipation erfordert für alle Beteiligten eine offene Hand. Als wir das erkannt hatten, schämten wir uns, daß wir drauf und dran waren, unsere Hände gegeneinander zu Fäusten zu ballen.

Engel

Engel sind in. In unserer Stadt gab es in einem Jahr gleich zwei Ausstellungen über die Engel. Bücher über die Wesen zwischen Himmel und Erde, je nach ihrer Wirksamkeit „Engel" oder „Dämonen" genannt, verkaufen sich gut. Es ist etwas daran, wenn der Psychotherapeut Peter F. Schmid schreiben kann: „Der Spiritismus tritt dort an, wo die Spiritualität verloren gegangen ist." Dabei ist die Sehnsucht nach dem spirituellen Leben sehr groß. Vielleicht können uns gute Engel diesen Teil des Lebens wieder erschließen?

In der Bibel erscheinen die Engel als Ausdruck der Zuwendung Gottes, sie überbrücken die Kluft vom Jenseits zu uns; deswegen haben sie in der Vorstellung Flügel. Die Engel stellen die oft abgerissene Verbindung zwischen Menschen und Gott wieder her. Immer hat der Engel etwas mit dem Heil zu tun, das dem Menschen zugesagt ist und an das er sich erinnern soll. Die Engel stehen gegen die Angst des Menschen und wecken sein Vertrauen auf Gott. Das ist ihre Aufgabe. Nicht mehr aber auch nicht weniger. Deswegen ist bei den Engeln auch kein Platz für Magie.
Dietrich Bonhoeffer hat es in seinem Gedicht angesichts des Todes ausgedrückt, was Engel uns sagen wollen und können. „Von guten Mächten wunderbar geborgen, erwarten wir getrost, was kommen mag. Gott ist mit uns am Abend und am Morgen und ganz gewiß an jedem neuen Tag."

Enttäuschung

Beim Frühstück springt mir eine Zeitungsnotiz ins Auge: „Seit 1972 hat sich die Zahl der „Wilden Ehen" vervierfacht. Rund eine Million Paare leben in der Bundesrepublik ohne Trauschein zusammen. Dabei sind nur 8% grundsätzlich gegen eine Ehe."

Mir fällt Leila ein. Gestern abend erst saß das zierliche Persönchen mir gegenüber. „Michael ist weg!" sagte sie. „Ich hätte nie gedacht, daß das so weh tut. Dabei hatten wir ausgemacht, daß jeder in aller Freiheit gehen könne ... Ob er noch einmal zurückkommt?"
Wir Menschen täuschen uns leicht über unsere Beziehungen. Wen wundert's, wenn wir dann enttäuscht werden müssen? Jeder Mensch hinterläßt einen Eindruck in meinem Leben und nimmt ein Stück von mir mit, wenn er geht. Erst recht der Mensch, den wir liebhaben. Dagegen hilft keine noch so moderne Einstellung und keine „Freiheit, die wir uns lassen". Die Täuschung für ein Leben zu zweit beginnt schon dort, wo zwei aus der Angst vor dem Alleinsein zusammenziehen, oder weil sie nicht fähig sind, mit sich oder den Eltern zurechtzukommen. Die Wirklichkeit, das heißt, die Ent-Täuschung holt die beiden dann sehr schnell ein. Und enttäuscht zu werden, tut immer weh.
Novalis (†1810) hat es auch für unsere Tage richtig erkannt: „Nur insofern der Mensch mit sich selbst eine glückliche Ehe führt, ... ist er überhaupt ehe- und familienfähig." Es gibt also fast keinen besseren Schutz vor Täuschung und Enttäuschung, als sich selbst erst einmal etwas wert, liebenswert zu sein.

Erbschaft

Ein alter Mann, der einen Johannisbrotbaum pflanzte, wurde von einem Vorübergehenden gefragt, wie lange es wohl dauere, bis der Baum Frucht bringe? „In etwa achtzig Jahren", antwortete der Bauer, „wird er zum ersten Male tragen." – „Was seid ihr doch ein dummer Mensch", spottete der andere. „Bis dieser Baum Früchte bringt, liegt ihr längst im Grab."

Vielleicht war unsere Welt tatsächlich ein Stück besser, als die Lebenden nicht nur an ihre Kinder dachten, sondern sich auch um Enkel und Urenkel sorgten und ihnen „Bäume zum Leben" pflanzten. Der Johannisbrotbaum ist wie ein Vertrag, den kommende Generationen einlösen können.
Was haben unsere Enkel und Urenkel zu erwarten? Bei den Problemen, die wir unserer Umwelt auflasten, denken wir noch zu wenig an die kommenden Generationen. Wir sehen die Schäden, die der Luft, dem Boden, dem Wasser zugefügt werden; wir versuchen sie möglichst gering zu halten oder auszugleichen; und doch hinterlassen wir Kindern und Kindeskindern ein Erbe, für das sie uns nicht dankbar sein können: Denken wir nur einmal an den Atommüll, der vermutlich noch den nächsten fünf oder sechs Generationen große Sorgen bereiten wird.
Das Zeichen des Johannisbrotbaums will uns nachdenklich machen und könnte uns davor bewahren, daß unsere Urenkel für uns am Ende nur Flüche übrig haben, wenn sie an uns denken.

Erfahrung

Gelegentlich lassen Geschichten, die wir hören, die Deutung offen. Sie sind zweideutig. Wir müssen selbst dahinter kommen. Wir müssen ihre Bedeutung für uns entdecken. Das ist von den Meistern der geistlichen Erfahrung beabsichtigt: Die Schüler sollen so lange auf der Geschichte „kauen", bis sie selber ihre Erfahrung machen und die Antwort finden, die ihnen ganz alleine gilt.

So, wie einmal ein Schüler den Buddha fragte: „Gibt es einen Gott oder gibt es ihn nicht?" und der Buddha antwortete: „Ja."
„Ja, was?" fragte der Schüler erstaunt: „Ja – es gibt Gott? Oder Ja, es gibt ihn nicht?"
Da lächelte der Buddha und antwortete: „Nein!"

Jeder Mensch muß losgehen, um seine Erfahrungen zu machen. Er kann nicht einfach Antworten von anderen erwarten, noch dazu wenn sie von so großer Tragweite sind, wie die Frage nach Gott. Dort allerdings, wo der Mensch erkennen kann, daß Gott mit im Spiel seiner Lebensgeschichte ist, wird er auch seine geistlichen Erfahrungen machen. Und wer geistliche Erfahrungen gemacht hat, kann seine eigene Geschichte, kann die irdischen Ereignisse überhaupt, mit Gelassenheit und Humor angehen. Alles liegt in Gottes Hand.

Erhörung

Ein Mensch, der von der Kraft und der Macht des Gebetes völlig überzeugt war, wandte sich an Gott und betete um eine Frau, um eine Gefährtin seines jungen Lebens. Er betete zwölf Jahre vergebens, bis er erkannte, daß er nicht für das Zusammenleben geschaffen war.
Dann betete er um Wohlstand. Er betete weitere zwölf Jahre vergebens. Auf einmal erkannte er, daß aller Reichtum vergänglich sei, und er war mit seinen bescheidenen Einkünften zufrieden und glücklich.
Schließlich machte sich mehr und mehr die Last seines Alters bemerkbar. Da betete er inständig um neue Kraft und Gesundheit. Doch er betete wieder viele Jahre vergebens.
Schließlich waren seine Kräfte so schwach geworden, daß er nur noch zu sterben wünschte. Dieses Gebet wurde ihm sofort erfüllt.

Als er Gott begegnete, fragte ihn der Mensch, warum seine Gebete um eine Frau und um Wohlstand keine Erhörung gefunden hätten, bis auf den letzten Wunsch. Da lächelte Gott und sagte: „Die Erfüllung dieser beiden Wünsche hätte dich von mir entfernt. Nur der letzte Wunsch hat dich zu mir gebracht, deswegen habe ich mich beeilt, ihn sofort zu erfüllen."

Erinnerung

Alle guten Märchen fangen an mit: Es war einmal... Damit wird kundgetan: Was sich da ereignet hat, das ist schon lange her, das war in der guten alten Zeit...

Eine gefährliche Täuschung. Es wird nämlich so getan, als gäbe es keine erzählenswerten Sachen mehr; als gäbe es keine schönen Stunden mehr.
Wir könnten uns noch heute und immer wieder gute Geschichten erzählen. Sie beginnen meist mit: Weißt Du noch? Kannst du dich noch daran erinnern, als...? Die Erinnerung bringt die schönen gemeinsamen Erfahrungen zurück. Sie taucht sie nicht nur gelegentlich in ein goldenes Licht; sie verbindet die Erfahrungen mit dem weiteren Lebensschicksal und zeigt: Es geht. Es geht weiter. Nur keine Angst.
Wenn wir uns gegenseitig sagen können, weißt du noch? – dann entschlüsseln wir unsere Erfahrungen miteinander. Vielleicht machen wir sie, für den anderen zum ersten Male, so richtig verständlich. Die Erinnerung schafft auch Gemeinschaft. Deswegen sagt Jesus: „Tut das zu meinem Gedächtnis." Das ist der Grund, warum Christen sonntags zusammenkommen: Sie erinnern sich an Jesus und deuten dadurch ihr Leben.

Erstling

Es ist erstaunlich, welch große Rolle in unserem Leben alles Erste spielt: Da ist der 1. Januar, der einen spürbaren Einschnitt im Kreislauf des Jahres hinterläßt; da ist der Geburtstag, der erste Tag eines neuen Lebensjahres; da ist, nicht zu vergessen, die erste Liebe oder das erste Kind, das ein Paar zur Familie macht. Jedesmal wird uns ein Anfang geschenkt, wird für uns ein Neubeginn möglich, der unser Leben verändern kann.

Auch die Auferstehung Jesu ist ein solcher Neu-Anfang. Da hat einer angefangen, so glauben wir, Schluß mit dem Tod zu machen. Einen von uns, Jesus Christus, hat Gott von den Toten auferweckt: Damit haben wir das Versprechen, daß es auch mit unserem Leben, mit unserem Überleben gut gehen wird. Das ist die eine Seite von Ostern; Grund genug, zu feiern! Die andere Seite sagt uns, daß wir täglich aufstehen, neu anfangen können. Ein modernes Osterlied gefällt mir besonders gut. Es beginnt mit dem Satz: „Manchmal feiern wir mitten im Tag ein Fest der Auferstehung."
Dann nämlich, wenn wir neu anfangen können, ist für uns ein Fest der Auferstehung: Es gibt viele Anfänge, die uns geschenkt werden; es gibt viele Feste zu feiern: Nach einem glücklich ausgegangen Unfall; nach einer lebensbedrohenden Krankheit. Aber auch wenn uns eine Aussöhnung gelungen ist; wenn wir eine bittere Wahrheit angenommen haben; wenn ein Mensch zu uns sagt: Ich mag dich! Immer dann feiern wir das Leben. Und solche Feste geben uns einen Vorgeschmack auf das Fest ohne Ende nach der Auferstehung von den Toten.

Erwartung

„Wenn ein Mann weggehen will, womit kann man ihn halten? Sagt ihm, wozu er nötig ist. Das hält ihn." Bert Brecht hat dieses Wort gesagt und damit den Kern unserer Erwartungen getroffen.

Wie oft haben wir uns schon gefragt: Wozu bist du eigentlich gut? Und wir haben uns danach gesehnt, daß jemand zu uns sagt, wozu wir nötig sind. Gerade in gedrückten Stunden, in einer depressiven Stimmung, vermissen wir ein solch aufmunterndes Wort sehr. Warum warten wir darauf oft so vergebens? „Seit dem frühen Tod meines Mannes bin ich total vereinsamt", klagte die Witwe, aber sie geht nie aus dem Haus. „Warum verwelkte die Blume?" fragt der indische Dichter Tagore. „Ich preßte sie ans Herz mit ängstlicher Sorge. Darum verwelkte die Blume."
Wenn wir nur an uns denken, wenn wir nur für uns festhalten wollen, werden wir vereinsamen und verwelken. Was leben will, muß verschenkt werden. Brot, das im Kasten bleibt, verdirbt. Es gehört zum Wesen des Brotes, gegessen zu werden. Es gehört zu unserem Wesen, für andere da zu sein.
Einmal waren Jesus 5000 Menschen in die Steppe gefolgt. Sie wollten von ihm hören, wozu sie eigentlich gut seien. Angesichts ihres Hungers nach einem langen Tag, gibt er ihnen ein Zeichen. Er nimmt fünf Brote und zwei Fische und läßt sie austeilen. Alle wurden satt, weil keiner festhielt, für sich behielt, sondern weitergab.
Also, statt ständig zu fragen: Wozu bin ich gut? und vielleicht vergebens auf Antwort zu warten, ist es besser, auf den anderen zuzugehen und ihm zu sagen, wozu er gut und nötig ist. Und dann kann es sein, schneller als wir denken, daß einer zu uns kommt und sagt: „Danke, daß es dich gibt!"

Erziehung

Es gab, und es gibt sie noch, die alte Erziehung. Die setzt am liebsten auf Zwang, weil diese Methode ziemlich einfach ist und kein großes Nachdenken, vor allem kein Eingehen auf den Menschen erfordert. So ist der Weisheitslehrer Jesus Sirach noch der Überzeugung: „Schläge und Zucht zeugen stets von Weisheit" (22,6).

Es gibt seit geraumer Zeit die neue Erziehung. Die setzt auf völlige Freiheit. Aber sehr bald gerät die Freiheit des einen mit der Freiheit des andern in Konflikt. Sollen etwa Eltern immer nur Rücksicht auf ihre Kinder nehmen müssen und nie an ihre eigenen Bedürfnisse denken?

Ein weiser Mensch, der nach einer guten Lösung befragt wurde, legte eine Schnur auf den Tisch und sagte zum Fragesteller: „Schiebe!" Der schob und schob und die Schnur verknäulte sich hoffnungslos. Dann sagte der Weise nur: „Ziehe!" Der zog an der Schnur, die sich entwirrte und folgte ihm, wohin er sie zog.

Das war die Lösung des Problems: Mit gutem Beispiel vorangehen und so zum Guten ziehen. Gute Worte, auch strenge Worte mögen einen Wert haben. Das Beispiel wiegt mehr. Das gilt nicht nur für Kinder. Wir alle lernen am meisten daran, was wir bei anderen sehen und erleben. Also wird es richtig sein, das gute Wort mit einem guten Beispiel zu verbinden.

Etikett

Neulich kaufte ich mir eine Brotschneidemaschine. Eine für den Handbetrieb. Zu Hause stellte ich fest, daß drei Preisschilder übereinander geklebt waren. Vorsichtig löste ich sie der Reihe nach ab und konnte so die Preisentwicklung meiner Maschine zurückverfolgen. Insgesamt hatte ich fast 40 Mark „gespart".

Etiketten sind schnell angebracht, allerdings nicht immer zu unseren Gunsten. Das gilt nicht nur für Gebrauchsgegenstände. Manchmal fallen wir auf einen geistlichen Etikettenschwindel herein. Wenn irgendwo das Etikett „Gott will es so!" aufgeklebt wurde, sollten wir besonders vorsichtig sein. Unter dieser Marke wurden unselige Kriege geführt, unschuldige Frauen als Hexen verbrannt, angebliche Ketzer gefoltert, Abweichler gequält und Geschiedene in die Ecke gestellt.

Natürlich haben auch wir viele Etiketten in der Hand, die wir bereitwillig anderen als unsere Vorurteile aufkleben. Da geht es uns so wie dem Gast in einer einfachen Dorfkneipe: Er fragte die Wirtin nach einem guten Schoppen; es solle schon was Ordentliches sein. Die gute Frau stellte ihm ein Glas und die Flasche auf den Tisch und eine Handvoll bunter Etiketten von „Müller-Thurgau" bis „Bacchus" zur Selbstbedienung. Merke: Es kommt drauf an, was (dr)innen ist.

Ewigkeit

Es gab Dinge, die mich als Kind ungeheuer beschäftigten. Die „Ewigkeit" gehörte dazu. Vor allem seit unser Kaplan uns einmal erklärt hatte: „Die Ewigkeit ist mit einem Berg zu vergleichen, tausend Meter breit und tausend Meter hoch. Alle tausend Jahre kommt ein Vogel und wetzt seinen winzigen Schnabel an dem Berg. Und wenn", jetzt erhob der Kaplan seine Stimme, „der ganze Berg abgewetzt wurde, ist erst eine Sekunde von Gottes Ewigkeit vorbei."

Heute weiß ich, daß unser Kaplan irrte. Die Ewigkeit unterliegt nicht unserer Zeit. Deswegen können wir die Ewigkeit nicht verstehen. Wir haben es lediglich gelernt, mit der Zeit umzugehen, sie einzuteilen, wir stellen sie sogar vor und zurück. Was zeitlos ist, können wir uns nicht vorstellen.
Doch auch diese Antwort ist nicht ganz richtig. Die Mystiker, die erfahrenen Menschen lehren uns, daß die Ewigkeit jetzt ist; jetzt, genau in diesem Augenblick, da sie diese Zeilen lesen. Damit entscheidet sich alles, was für die Ewigkeit Gottes wichtig ist, jetzt. Nicht das Gestern ist wichtig oder das Morgen. „Jetzt ist die Zeit, jetzt ist die Stunde", singt ein Lied, das die Botschaft Jesu vom Heute übersetzt: „jetzt wird getan oder auch vertan, worauf es ankommt, wenn er kommt."

Falschgeld

Die Phönizier, ein altes Handelsvolk aus dem Mittelmeerraum, haben uns keine kulturellen Zeugnisse, dafür das Geld hinterlassen. Vor über 3000 Jahren haben sie es erfunden, um den Handel mit anderen Völkern zu erleichtern. Seither gilt: „Geld macht nicht glücklich, aber es beruhigt." Doch das ist nicht alles. Das Geld hat viel Unheil über die Menschen gebracht

Von einem Banker habe ich folgende Überlegungen: Wer dem Geld nachläuft, gilt als geldgierig. Wer es anhäuft, ist ein Kapitalist. Wer es ausgibt, ist ein leichtsinniger Vogel. Wer das Geld für sich arbeiten läßt, ist ein Ausbeuter. Wer kein Interesse am Geld hat, ist ein Außenseiter. Wer Geld nur auf die hohe Kante legt und sich nichts gönnt, ist ein Geizkragen. Wer Geld ohne Arbeit verdient, ist ein Schmarotzer oder ein Erbschleicher. Wer es im Lotto gewinnt, ist ein Spieler. Wer nicht versucht, zu Geld zu kommen, hat keinen Leistungswillen. Wer schwer dafür schafft, ist ein Narr, der vom Leben nichts hat.
Wie man es nimmt: Der Mensch macht es mit dem Geld immer falsch. Allerdings wenn er es selbst macht, dann ist es Falschgeld.

Familie

Ging es vor einem Jahrzehnt noch den Jungen nicht schnell genug, die Familie zu verlassen, um einen eigenen Hausstand zu gründen, so zeigt sich heute ein gegensätzlicher Trend: Immer mehr junge Männer bleiben im Nest. Schon macht der Slogan vom „Hotel Mama" die Runde. Ich habe ein Elternpaar kennengelernt, das sich eine eigene Wohnung gesucht hat, weil die erwachsenen Kinder nicht ausziehen wollten.

Nestflüchter und Nesthocker sind nicht die einzigen Kennzeichen dafür, daß es „Familie" nicht gerade leicht hat. Aber wann gab es keine Schwierigkeiten im hautnahen Zusammenleben? Selbst die Eltern Jesu mußten ihre Erfahrungen machen.

Die Lebensgemeinschaft der Eltern mit ihren Kindern ist kulturbedingt, das heißt, der Veränderung unterworfen. Nicht jede Krise bedeutet gleich den Untergang der Familie. Richtig ist sicher, daß die Einrichtung Familie auf die gesellschaftlichen Veränderungen reagiert. Sie ist sozusagen ein früher Indikator der Stärken und der Schwächen unserer Gesellschaft. Damit bleibt die Familie für die Nachkommen das Lernfeld, um das Leben im offenen Raum zu bestehen. Wir sollten dafür sorgen, daß die Familie auch das Lernfeld für die Liebe bleibt. Denn das Schicksal der Menschheit wird sich daran entscheiden.

Fasching

Es gibt Menschen, die können mit Fasching nichts anfangen. Sie lassen sich unbekümmert „Faschingsmuffel" nennen und erwarten sehnlich den Aschermittwoch, an dem „alles vorüber" sein wird. Auch die Kirche kann mit dieser 5. Jahreszeit nichts anfangen. In der Liturgie kommen Karneval und Fasching nicht vor; übrigens wird auch das Neujahrsfest offiziell ignoriert.

Gegen Fasching gibt es vor allem das Argument der leichtsinnigen Ausgelassenheit und der groben Auswüchse. Aber feiern wir Christen nicht Weihnachten, obwohl dieses Fest bereits völlig in die Hände der Geschäftemacher geraten ist? Es wäre ein armseliges Leben, wenn wir alles, was mißbraucht werden kann, abschaffen müßten.

Wer aber sollte Fasching feiern, wenn nicht die Christen? Wir hätten allen Grund dazu, unbeschwert zu feiern. Denn Christen haben die Botschaft, daß alles in dieser Welt nur vorläufig ist; daß unsere kleinen Freuden Vorgeschmack der ewigen Freuden sind. Deswegen kann der Kabarettist Hanns-Dieter Hüsch sagen: „Was macht, daß ich so unbeschwert – und mich kein Trübsinn hält? Weil mich mein Gott das Lachen lehrt – wohl über alle Welt!"

Fasten

Das Fasten ist neu entdeckt! Nicht nur die zahlreichen Veröffentlichungen beweisen es. Überall im Land bilden sich Fastengruppen. Für viele steht beim Fasten die gesundheitliche Seite im Vordergrund, mindestens ebenso viele wollen ihre Gewichtsprobleme bewältigen. Die heilsame Wirkung des Fastens für den Leib hatte schon die antike Medizin erkannt und vor allem in den großen Gesundheitszentren mit Erfolg angewandt.

Mit der Aufwertung des Fastens gewinnt auch die kirchliche Fastenzeit zwischen Aschermittwoch und Ostern neue Bedeutung. Christliches Fasten hat zwar auch die Gesundheit des Menschen oder seine Genesung im Blick, geht aber darüber hinaus. Die alte Tradition rühmt die geistlichen Erfolge, die der Nahrungsverzicht auf Zeit schenkt. Der Fastende gewinnt einen neuen Eindruck von sich selbst; seine Gefühle werden intensiver, seine Gedanken klarer, seine Selbstbeherrschung sicherer.

Vorher aber bricht durch das Fasten erst einmal vieles zusammen, was künstlich aufgebaut worden war und manches bricht aus uns heraus, was bislang unterdrückt werden konnte. Deswegen wird Fasten zunächst nicht nur körperlich als unangenehm empfunden. Wer das alles aber überwunden hat, und wer nicht ständig um seinen Körper und seine Gesundheit kreist, kann erkennen, wie positiv sich das Fasten auswirkt. Wir essen nach der Fastenzeit nicht nur bewußter; wir spüren auch, daß Essen und Trinken allein nicht unseren Lebenshunger stillen können. Befreiter von uns selber können wir Ausschau halten nach dem, der unserem Leben und Überleben einen Sinn geben kann. Deswegen bereiten sich Christen durch Fasten auf Ostern vor, weil sie durch die Auferstehung Jesu eine glaubwürdige Antwort auf die Frage nach dem Sinn des Lebens erhalten.

Feiertag

Wieder steht ein Feiertag rot im Kalender. Viele sehen schon gar nicht mehr hin, aus welchem Anlaß dieser Tag gefeiert wird. Hauptsache ein freier Tag. Aber da beginnt schon die Schwierigkeit: Es gilt, etwas aus der freien Zeit zu machen, sie mit Unternehmungen verschiedenster Art zu füllen. Merkwürdigerweise ist das Bemühen darum oft die Quelle für Langeweile, weil man sich nicht recht entscheiden kann, oder für Hektik, weil man zuviel in die Stunden packen möchte. Jedesmal geht der Feiertag verloren.

Heinrich Böll schreibt in seinem „Irischen Tagebuch": „Als Gott die Zeit machte, hat er genug davon gemacht." Langeweile haben, keine Zeit haben, Hektik um sich verbreiten, sind Zeichen dafür, daß die Zeit falsch eingesetzt und damit der Feiertag vertan wird. Für viele ist es eine Kunst, den freien Tag richtig zu genießen. Das Wort „Kunst" liefert uns den Schlüssel für das richtige Feiern. Die Kunst dient keinerlei Zwecken. Kunst ist für den Menschen da und der Feiertag ist für den Menschen da. Wer die Kunst erfassen, wer den Feiertag genießen will, muß alle seine Sinne auftun und sich ganz einfach Zeit nehmen. Gerade weil Gott genug davon gemacht hat, können wir uns Zeit nehmen für einander. Das ist wohl die beste Investition der Zeit: Wer Zeit verschenken kann, hat viel mehr davon.

Fest

Eine schöne Geschichte erzählt von zwei Mönchen, die in einem armen Dorf von Haus zu Haus gingen, um sich ein wenig Nahrung zu erbetteln. Aber die Leute waren hart und bitter geworden über ihrer Not und gaben nichts. Da nahmen die Mönche einen großen Kessel, füllten Wasser hinein und stellten ihn auf ein Feuer. Dann taten sie so, als wollten sie mitten auf dem Dorfplatz Steine kochen...
Betroffen kamen die Bauern und Bäuerinnen aus den Gehöften und brachten Kleinigkeiten mit, um die Suppe aus Steinen zu verbessern: eine Kartoffel, eine Gelbe Rübe, einen Krautskopf, eine Zwiebel, einen Brocken Brot. Am Ende war eine schmackhafte Suppe bereitet, die das ganze Dorf zu einem Fest zusammenführte.

Es sind in der Regel nicht die großen Predigten, die die Welt und den Menschen verändern. Der richtige Einfall zur rechten Zeit hilft oft weiter. Da können selbst Herzen, hart wie Stein, aufgebrochen werden, wenn es Menschen gibt, die das Herz noch auf dem rechten Fleck haben. Statt uns über die Härte und die Lieblosigkeit der Welt um uns zu beklagen, sollten wir mit den kleinen Dingen und Möglichkeiten, die wir haben, dazu beitragen, daß Menschen um uns herum wenigstens ab und zu ein Fest feiern können.

Fehler

„Ich habe es doch gewußt", schimpfte die Mutter, „daß etwas kaputt gehen würde. Geh lieber wieder in dein Zimmer."
Beleidigt zog sich der Fünfjährige zu seinem Spielzeug zurück, während die Mutter die Scherben eines Tellers zusammenkehrte. Dabei hatte er beim Abtrocknen doch nur helfen wollen...

Sind wir einmal ehrlich! Wir haben doch auch aus Fehlern mehr gelernt als aus unseren Erfolgen. Ein zerbrochener Teller ist keine Tragik; schlimmer ist schon ein Mensch, der deswegen zerbricht, weil er sich keine Fehler leisten kann. Wir sagen zwar: „Wir sind alle nur Menschen...", setzen aber lieber auf Leistung und Erfolg.
Es gehört zu den schönsten Erfahrungen des Christentums, daß Fehler gemacht werden dürfen, daß ein Neuanfang immer möglich ist. Im Gleichnis vom barmherzigen Vater erzählt Jesus sogar von einem großen Fest, das für einen Sohn gefeiert wurde, der nach schweren persönlichen Irrungen und Wirren wieder zurückkehrte.
Gott ist auch in dieser Hinsicht viel großzügiger als wir Menschen. Wir gestatten uns keine Fehler. Wir gestatten anderen keine Fehler. Das macht uns hart und kurzsichtig, fesselt uns allein an den Erfolg. Kein Wunder, wenn der Streß uns dann krank macht, der auch dadurch entsteht, daß wir Fehler nicht nur vermeiden, sondern auch ängstlich verstecken müssen. Wer Fehler machen darf und wer aus seinen Fehlern lernt, bekennt sich zu seinem Menschsein und lebt ein gutes Stück gesünder.

Film

Ein Kollege vom Bayerischen Rundfunk hatte mich in den Film gelockt. Wann war ich das letzte Mal im Kino gewesen? Er wolle meine Meinung hören, sagte er mir am Telefon. Über die Leinwand in dem kleinen Saal lief der Streifen von Antonia Bird „Der Priester". Um mich herum nur junge Leute, meist Pärchen. Und ich, ein Priester, dazwischen.

Im Mittelpunkt des Films, Father Gref, ein junger homosexueller Priester, der mit den Abgründen und Unmenschlichkeiten Liverpools konfrontiert wird und daran, auch an seiner sexuellen Bestimmung zu zerbrechen droht. Sein Ringen zwischen der Berufung, zu der er steht, der Verantwortung, die er übernommen hat, und der von außen geforderten Enthaltsamkeit, greift tief. Selbst die sexuelle Begegnung Grefs mit seinem Freund wird zu einem anrührenden Höhepunkt des Films. Ich beobachte gleichzeitig die jungen Leute, die Anlaß genug hätten, über die Doppelbödigkeit des Zölibats und die Nöte des homosexuellen Priesters ihre Witze zu machen.
Doch „Der Priester" packt sie offensichtlich, sie folgen atemlos den Szenen. Am Ende des Films gibt es spontanen Beifall; das habe ich in einem Kinosaal noch nie erlebt. Mir wird wieder einmal die Erfahrung geschenkt, daß das Ringen des Menschen mit sich selbst, mit seiner Aufgabe und damit mit Gott, ein Thema ist, das ankommt. Ich denke, wir machen es uns in der Kirche einfach zu leicht.

Frage

Die alles entscheidende Frage ist die Frage nach Gott. Selbst den Atheisten, den Gott-Losen bewegt diese Frage. Ohne die Fragestellung könnte er kein Atheist sein. Er bleibt an Gott gebunden, so oder so.

Wer sagt, es gibt einen Gott, erschafft sich „seinen Gott". Das ist unser Problem. Alle unsere Vorstellungen von Gott müssen falsch sein; sie sind aber auch ein bißchen richtig. Wir sollten nur ungeheuer vorsichtig sein, wenn wir seinen Namen in den Mund nehmen, daß wir ihn nicht zugleich mit unseren Händen fassen, also begreifen möchten. Wer Gott begreifen will, indem er ihn in den Mund nimmt wie ein Baby oder in die Hand, wie ein Schlosser, dem entzieht er sich. Jesus geht auf unsere Hilflosigkeit ein und erzählt uns von Gott Geschichten. Diese Geschichten dürfen wir ernst nehmen, so lange wir wissen, daß es Geschichten sind. Dann wird uns Gott zum Vater, zur Mutter, zum Begleiter, dann ist er mitten in uns, dann trägt er uns selbst dann noch, wenn wir uns selbst nicht mehr ertragen können.

„Hilf uns, Gott zu finden!" baten die Schüler ihren erfahrenen Lehrer. Er antwortete: „Keiner kann euch helfen!"
„Warum nicht?" fragten sie weiter.
„Weil auch dem Fisch nicht geholfen werden kann das Meer zu finden." – Über dieses Bild dachten sie lange nach bis die Erleuchtung kam.

Freiraum

Wann haben Sie das letztemal gespielt? Ich meine jetzt nicht Lotto oder Toto, um dem Glück nachzuhelfen. Ich denke an ein Spiel zu Hause, im Familienkreis, mit Freunden: Mühle, Dame, Schach oder Mensch-ärgere-dich-nicht, Monopoly. Ein Philosoph hat geschrieben: „Erst im Spiel wird der Mensch ganz Mensch". Wenn da zwei miteinander spielen, wenn eine Gruppe spielt, gibt es zwar Gewinner und Verlierer; aber bei einem richtigen Spiel ist es doch so, daß man wieder von vorne anfangen kann, daß die Rollen vertauscht werden, daß keine Wunden zurückbleiben...
Psychologen wissen sogar, daß durch Spiel Ängste und Unsicherheiten, damit Aggressionen abgebaut werden können. Als Kinder haben wir gerne und unbekümmert gespielt; wir haben uns eine Welt aufgebaut, die nur uns gehörte. Als Jugendliche haben wir das Spiel abgetan, weil wir meinten, es sei kindisch... Als Erwachsene müssen wir es wieder lernen.

Wer nicht spielt, wer nicht spielen kann, ist krank: Er verweigert sich den Ausgleich, den seine Seele braucht: Denn einmal etwas tun, was genau gesehen keinen Wert hat, wozu man weder gezwungen werden kann noch bezahlt werden muß, ist für uns sehr wichtig.
Wer einem anderen ganz nahe kommen, wer ihn besser kennenlernen will, sollte mit ihm spielen. Es gibt zwar Spielregeln, die von beiden Seiten eingehalten werden müssen; dennoch läßt uns das Spiel die Möglichkeit, hinter uns zurückzutreten. So wie ein Vater mit seinen Kindern spielt und sie gelegentlich bewußt gewinnen läßt, gibt uns das Spiel einen Freiraum, andere zu Siegern zu machen, ohne selber dabei zu verlieren.

Freundschaft

Auf der Autoplakette stand: „Jesus, mein bester Freund!" Aus dem schon ziemlich vergammelten Auto kletterte ein junger Mann. Zärtlich begrüßte er seine Freundin, die am Straßenrand stand; dann zogen sie engumschlungen die Straße hinunter.
Da hat Jesus aber schnell Konkurrenz bekommen, dachte ich mir. Schnell kann der „beste Freund" vergessen sein, wenn eine noch bessere Freundin in die Quere kommt.
Aber dann ärgerte ich mich über mein Vorurteil. Warum soll das eigentlich nicht passen: Jesus und die Freundin? Schließlich waren beide mit dem Wort Jesu gemeint: „Nicht mehr Knechte nenne ich euch, vielmehr habe ich euch Freunde genannt" (Joh 15,15).

Vielleicht ist es das Vorrecht der Jüngeren, daß sie große Worte gelassener aussprechen als eine ältere Generation. Aber auch wenn wir uns nicht trauen, Jesus hat uns Freunde genannt. Dazu bekennt sich der junge Mann mit der Plakette an seinem Auto. Er sagt JA zu Jesus und jeder, der hinter ihm herfährt, muß sich so die Frage stellen, wie er zu Jesus steht. Jede menschliche Freundschaft fordert Mut und Engagement; erst recht, wenn ich in Jesus einen Freund gefunden habe. Er kann zur Wende meines Lebens werden. Dann ist jede andere Freundschaft wie ein Vorgeschmack der ewigen Freundschaft, die Gott uns schenken will.

Gebet

Der unvergessene Papst Johannes XXIII. war für eine Zeit verschwunden und sein Sekretär suchte ihn verzweifelt. Schließlich kam der Papst aus der Kapelle und wurde gefragt, was er dort so lange gemacht habe. Da lächelte Johannes und gab zur Antwort: „Ich bin gesessen und habe gesagt, Du bist da und ich bin da!" – „Sonst nichts?", fragte der Sekretär. „Nein, sonst nichts!"

Es gibt viele Methoden, das Beten zu lernen. Die meisten sind untauglich. Sie versuchen es mit Texten und Formeln. In Wirklichkeit ist dann viel Papier zwischen dem Beter und Gott. Ich halte die Methode Johannes' XXIII. für die beste. Sie bringt uns vor Gott, sozusagen Auge in Auge. Was soll es da noch zu sagen geben? Viele brauchen dafür einen bestimmten Ort. Das mag im Wald sein (so dumm ist die Aussage, dort könne man am besten beten, gar nicht), in einer Kapelle, in einer bestimmten Körperhaltung, beim Hören von Musik. Wer weiß, was er braucht, sollte einmal am Tag diesen Ort oder diese Möglichkeit aufsuchen, um zu Gott Du zu sagen und sich von Gott anreden zu lassen.

Eine andere Form ist das Erzählen. Gott ganz einfach erzählen, was einen bewegt: der Ärger mit der alten Mutter, die Freude an den Kindern; die depressive Stimmung dieses Tages; das gespannte Warten auf eine Nachricht; der Stolz über eine gelungene Sache. Was Gott vorgetragen wird, wird von ihm angenommen und geheilt.

Gebetsschule

Wir haben es nicht gern, wenn jemand über uns oder über unsere Gewohnheiten lacht. Wir möchten uns nicht der Lächerlichkeit aussetzen, und deswegen geben wir manchmal etwas auf, worüber andere lachen, obwohl es uns wichtig und wert ist.
Das Beten gehört dazu. Es gibt immer noch Menschen, die darüber spotten, wenn sie einen Menschen beten sehen. Unsere Fähigkeit zu beten, ist eine empfindsame Pflanze, deswegen empfiehlt die Schrift: „Wenn du betest, dann zieh dich zurück in deine Kammer. Gott, der ins Verborgene sieht, wird dich hören."
Dennoch ist es auch richtig, zu bekennen, wenn einer betet; wenn er sich, seine Angehörigen oder seine Anliegen Gott in die Hände legt; was soll daran lächerlich sein? Da ist ein Mensch schon eher zu bedauern, der meint, er müsse sich ganz auf sich selber verlassen. Er wird nicht weit kommen.

Ich bekenne, daß ich bete; und ich bekenne auch, daß ich mich geborgen fühle, wenn ich gebetet habe. Aber es kann auch passieren, daß ich nicht beten kann, daß ich wie ausgetrocknet bin. Jetzt wäre es falsch, das Beten überhaupt aufzugeben. Ich nehme dann einen Psalm zur Hand oder spreche das Gebet eines großen Lehrers, einer stillen Beterin nach. Meistens aber greife ich in solchen Trockenzeiten zu dem Gebet, das Jesus seinen Jüngern gelehrt hat. Ich bete das Vaterunser.

Geheimnis

„Was hast du in deiner Hand?" fragte ich den Kleinen. Der Knirps hielt schützend die Hand geschlossen und schaute durch die Fingerritzen hinein. „Ein Geheimnis", sagte er. „Keiner soll wissen, daß ich eine Ameise gefangen habe."

Wir sagen gern, die Liebe bestünde darin, vor dem anderen keine Geheimnisse zu haben. Das mag stimmen, wenn es um Dinge geht, um die der Partner wissen muß. Die Geheimniskrämerei ist der Tod der Liebe. Was anderes ist es mit den „Geheimnissen auf Zeit"; sie schaffen eine wohltuende Spannung. Das reicht bis zu jenem „kleinen Geheimnis", das ein Paar, wenigstens die erste Zeit, so ähnlich hütet, wie der kleine Junge die Ameise.

Der größte Teil unseres Lebens besteht aus Geheimnissen. Jede Antwort wirft sofort neue Fragen auf. Das ist die eine Seite, mit der wir nicht an ein Ende kommen. Die andere Seite ist die, daß jeder von uns selber ein Geheimnis ist. Das Geheimnis gehört zu unserem inneren Kern und ist uns selber nicht bewußt. Es liegt dort verwurzelt, wo auch die Ehrfurcht des Lebens ihren Grund hat. Deswegen besteht die Liebe zu einem anderen Menschen vor allem darin, sein Geheimnis beim Geliebten aufgehoben zu wissen.

Gehör

Nirgendwo sind sie mir mehr aufgefallen als ausgerechnet auf dem Domplatz in Mailand, die vielen jungen und älteren, krawattentragenden Männer, aufgeregt gestikulierend, mit einem Handy am Ohr. Es ist Mode geworden, überall erreichbar zu sein; jeden, jederzeit, an jedem Ort zu erreichen.

Was den einen als großartige Errungenschaft erscheint, wird für mich zum Alptraum. Und doch könnte das Handy am Ohr ein Zeichen sein. Der Aufruf, nach innen zu hören. Abzuschalten. Sich bewußt zu machen, was gerade jetzt geschieht. Wir können uns eine Zeit gönnen ohne Telefon, ohne Arbeit, ohne Programm. Eine Zeit auch ohne Ablenkungen, Zerstreuungen oder gar Zeit totzuschlagen.

Wir brauchen nicht unbedingt auf einem Teppich zu sitzen und eine brennende Kerze vor uns zu haben, um nachzudenken und zu uns zu kommen. Manche erreichen das schon, wenn sie zum Fenster hinaussehen, das Radio beim Autofahren abschalten, das Handy auf „besetzt" stellen. Wer loslassen kann, um sich seiner bewußt zu werden, lernt vor allem eines: Gelassenheit.

Geist

Du machst mich noch ganz krank!, sagen wir zu einem Menschen, der uns auf die Nerven geht. Seine bloße Gegenwart, sein Einfluß und seine Probleme belasten uns: Er geht uns an die Nieren, schlägt uns auf den Magen, greift unser Herz an. Das Ereignis: Wir möchten ihn am liebsten nicht mehr sehen, weil wir ihn nicht einmal mehr riechen können.
Unser Körper spricht eine sehr deutliche Sprache, wie sehr uns ein Mensch belasten, deprimieren, krankmachen kann. Genauso geht es uns ja auch mit den schlechten Nachrichten, die uns erreichen. Sie erschrecken uns nicht nur, sie drücken nieder, lassen uns nicht mehr zur Ruhe kommen; wir können nicht mehr richtig schlafen und sehen am Ende alles nur noch Grau in Grau.

Gegen all das Negative in der Welt setzte Jesus die Gute Nachricht; sein Evangelium. Die positive Botschaft von Gott, der alle Menschen liebt und der ihr zeitliches Glück und ihr ewiges Heil will, kann alles Negative in unserem Leben umkehren; kann aus den vielen Minuszeichen ein großes Plus machen. Jesus hat das durch sein Leben mit den Menschen bewiesen, schon seine Nähe heilte, machte gesund.
Wer sein Lebensschicksal Gott anvertrauen kann, wer es nicht alleine in seinen Händen halten oder gar anderen Menschen übergeben muß, gibt seinem Leben eine positive, eine heilsame Richtung; macht es gesund.
Dann werden wir auch für andere Menschen zum heilsamen Zeichen, wir können sie aufrichten, vielleicht sogar gesund machen, weil wir aus der positiven Kraft Gottes leben.

Gelassenheit

Es kann die besonders elegante und deswegen auch wirksame Form des Tadels sein, wenn einer die Schuld auf sich nimmt, wie der Autofahrer vor mir. An seiner Heckscheibe kann ich, ziemlich kleingedruckt, lesen: „Sorry, wenn ich zu dicht vor Ihnen herfahre..."
Natürlich bin ich zu dicht aufgefahren. Da kommt nicht einmal ein Fußgänger zwischen unseren beiden Autos durch. Ich lasse mich darüber von einem Menschen belehren, den ich gar nicht kenne; ich lasse mich belehren, weil es auf eine liebenswürdige Art geschieht.

Ein bißchen Charme kann gar nicht schaden, wenn wir einen Mitmenschen auf einen Fehler aufmerksam machen wollen. Sorry, es tut mir leid..., das signalisiert, daß ich kein unfehlbarer Mensch bin, daß ich kein Besserwisser sein möchte. Ich bin selber darauf angewiesen, daß andere über meine Fehler hinwegsehen. Bei einem Weisheitslehrer des Alten Testaments steht ein Satz: „...Gelassenheit bewahrt vor großen Fehlern" (Koh 10,4). Es ist in der Tat die Aufgeregtheit, die Gereiztheit, die aus einem Floh einen Elefanten macht, aus einer Kleinigkeit eine böse Sache.
Wenn wir ehrlich zu uns sind, dann ist die Gelassenheit weniger anstrengend und weniger folgenschwer als alle Aufregung. Allerdings, ein bißchen muß einer schon üben, bis er wirklich gelassen sein kann.

Geld

Manche Worte, die uns Jesus wie ein Testament hinterlassen hat, wollen gut bedacht sein. Zum Beispiel dieses. „Wenn ihr nicht werdet wie die Kinder, werdet ihr nicht in das Reich Gottes kommen."

Ich studierte einmal in Peru die Reste der Inkakultur. Die Ureinwohner nannten sich „Kinder der Sonne" und kannten, bis die Spanier in ihr Land eindrangen, das Geld nicht. Gold und Silber hatten keinen Wert für sie. Das Edelmetall war ein schöner Schmuck für die Tempel, die Götter und für ihre Frauen. Die Gier der Spanier nach Gold und Silber deuteten sie anfangs als Notwendigkeit, sich Futter für ihre Pferde zu besorgen, die bei den Inkas genau so unbekannt waren wie das Geld.

Ich überlege, ob Jesus vielleicht das mit seinem Wort gemeint hat: „Wenn ihr nicht werdet wie die Kinder..."? Unverdorbene Kinder kennen den Wert des Geldes nicht; es ist für sie wie Spielzeug. Deswegen ist ihnen der Himmel offen. Für uns Erwachsene heißt es „Geld regiert die Welt"; deswegen hat das Reich Gottes in unseren Köpfen keinen Platz. Jesus wurde einst für 30 Silberlinge verraten; es war der Preis dieser Welt. Der Himmel kostet nicht mehr als die Arglosigkeit und die Offenheit eines Kindes.

Gelegenheit

„Bei nächster Gelegenheit!" Fünfzig Prozent unserer Redensarten, sagt ein weiser Mensch, sind versteckte Lügen. Sätze, die entweder ohne jede Bedeutung hingesprochen sind, nur damit etwas gesagt ist, oder die genau das Gegenteil von dem meinen, was sie aussagen.
„Bei nächster Gelegenheit!" gehört ohne Zweifel dazu: Bei nächster Gelegenheit werde ich bestimmt helfen. Bei nächster Gelegenheit wird es anders werden. Heute geht es wirklich nicht, aber bei nächster Gelegenheit. Doch die nächste Gelegenheit heißt: „Nie".
Wir haben noch andere Worte bereit, die unser Nichtwollen verschleiern. Wir sagen: „Aufgeschoben ist nicht aufgehoben" und hoffen doch, daß die Sache damit erledigt ist. Wir erklären: „Alles zu seiner Zeit!" und sind fast sicher, daß diese Zeit nicht kommt, so wie die nächste Gelegenheit.

Für Jesus von Nazaret war die nächste Gelegenheit immer jetzt. Der Blinde vor Jericho, der Lahme in der Synagoge von Kapharnaum, die Witwe von Nain, die 10 Aussätzigen, sie alle wußten dieses Jetzt Jesu zu schätzen. Er verschob und vertröstete nicht. Er handelte. Sofort.
Er schickte die Ehebrecherin nicht zu einem anderen Rabbi; er beantwortete die kritische Frage der Pharisäer sofort, er löste den Streit der Jünger noch am gleichen Tag.
Für uns ist die „nächste Gelegenheit" meist alles andere, nur nicht heute. Damit versäumen wir vieles, was uns das Jetzt schenken könnte: eine gute Portion Selbstachtung und Zufriedenheit.

Gemeinde

Ein wenig schockiert war ich schon, als ich gefragt wurde, was die Gemeinde St. Michael von einer Sekte unterscheide? Der Fragesteller meinte nämlich, eine gewisse Überheblichkeit schon allein in der Antwort auf den Zuruf zu erkennen: „Der Herr sei mit euch!" – „Er ist mitten unter uns!"

Die Sekte ist etwas Ausschließliches. Akzeptiert werden nur jene, die in der Gruppe sind. Vor allem: eine Sekte hat keine Vergangenheit. Sie trägt damit weder die Lasten vergangener Generationen, sie lebt aber auch nicht aus der Erfahrung der früheren Christen. Die Gemeinde steht zur Tradition. Sie steht sozusagen auf den Schultern jener Menschen, die vor uns gelebt und geglaubt haben. Mag sein, daß gelegentlich das Gewicht der Tradition übertrieben wurde, aber es ist für alle in einer Gemeinde gut, nicht bei Null anfangen zu müssen.

Die Bibelsekten, die rechts und links an den Rändern der Gemeinden entstehen, schmoren sehr schnell im eigenen Saft, weil sie nicht den großen Zusammenhang des Glaubens erkennen können. Sie stützen sich neben der Bibel, die leider oft wie ein Steinbruch mißbraucht wird, nur noch auf ihre private Gotteserfahrung. Richard Rohr schreibt in diesem Zusammenhang: Jesus Christus sei dann nur noch eine Art Stammesgott. Er befriedigt nichts als die Bedürfnisse der Gruppe. Die Gemeinde versucht allen ohne Unterschied zu dienen; sie nimmt sich am Ende sich sogar derer an, die an der Sekte gescheitert sind.

Gerechtigkeit

Manchmal sagt uns eine Geschichte mehr als viele Worte. Deswegen haben sich auch bei Menschen, die nicht in der Bibel lesen, die Gleichnisse Jesu bis zum heutigen Tag erhalten. Sie sind Teil unserer menschlichen Geschichte geworden. Zum Thema Gerechtigkeit fand ich folgende Erzählung, die Anette von Droste-Hülshoff in eine Ballade gefaßt hat:

Zwei Schiffbrüchige hatten sich auf einen Balken gerettet, der aber beide nicht tragen konnte. Schließlich gelang es dem einen, den anderen mit Gewalt vom rettenden Holz, auf dem der Name des Schiffes „Batavia 510" aufgemalt war, zu stoßen. Nach einigen Tagen wird der Dahintreibende von einem Piratenschiff aufgenommen. Wenig später wird das Schiff samt der Besatzung von einem Kriegsschiff aufgebracht. Die Piraten wie der Schiffbrüchige, der vergeblich seine Situation erklären und damit seine Unschuld beweisen will, werden zum Tode verurteilt und gehenkt. Auf dem Gang zum Galgen schreit der Schiffbrüchige seine bittere Enttäuschung über Gottes vorgebliche Gerechtigkeit hinaus. Da fällt ein letzter Blick auf den Hinrichtungsbalken. Darauf steht: „Batavia 510".

Gerücht

Das Gerücht ist wie ein Buschfeuer: keiner weiß so recht, wie und wo es begonnen hat; aber es breitet sich mit unglaublicher Geschwindigkeit aus. Niemand kann es bremsen. In der Regel löst das Gerücht eine schlimme Kettenreaktion aus: Nicht nur Klatsch und Tratsch werden ins Spiel gebracht; oft machen auch Lug und Trug die Runde, ruinieren den guten Ruf des einen, vernichten die Existenz eines anderen, treiben manchmal sogar jemand in die Gedanken zum Selbstmord... Ein Gegenmittel gibt es praktisch nicht.

Eine ganz andere Art von Gerücht war die Kunde von der Auferstehung Jesu. Endlich einmal eine Nachricht, die für die Menschen etwas Gutes, Hoffnungsvolles enthielt, auch wenn sie zunächst nur hinter vorgehaltener Hand erzählt wurde. Wenn dieses Gerücht wirklich stimmte, dann hatte die Menschheit Zukunft!
Es ist schon merkwürdig mit uns: Üble Nachreden glauben wir leicht, schlechte Nachrichten erzählen wir schnell und unbesehen weiter; das Gute hat es dagegen schwer, sich durchzusetzen.
Ein Glück für uns, daß die Auferstehung nicht ein Gerücht blieb, sondern zur Frohen Botschaft wurde. Die Wahrheit hat das Gerücht überholt und das Zeugnis der Glaubenden ist noch heute unter uns lebendig. Deswegen können auch wir glauben und es weitererzählen: Jesus ist wirklich von den Toten auferstanden!

Geschenk

Ein brasilianischer Missionar hatte mir eine wunderschöne Versteinerung als Gastgeschenk mitgebracht. In gelbrotes Material war ein Fisch eingeschlossen. Seither lag der Stein auf meinem Schreibtisch.
Ich nahm ihn oft in die Hand und träumte dabei von fernen Ländern und von Abenteuern.
Eines Tages kam ein junger Mann zu mir, dem ich aus einer persönlichen Schwierigkeit geholfen hatte. Er schenkte mir zum Zeichen seines Dankes einen kaum handtellergroßen, herzförmigen Stein, der ihn vermutlich lange in seiner Hosentasche begleitet hatte. Ich spürte, wie schwer es ihm fiel, sich von diesem Stein zu trennen. Offensichtlich verbanden sich mit den Stein wichtige Erinnerungen.
Ich gab mir einen Ruck, und obwohl es mich sehr schmerzte, schenkte ich dem jungen Mann den versteinerten Fisch. In diesem Augenblick schauten wir uns beide an. Wir verstanden uns, ohne ein weiteres Wort zu wechseln. Am Abend las ich wie zufällig das Wort eines mystischen Lehrers: „Leute, die lange überlegen, bevor sie einen Schritt tun, stehen ihr ganzes Leben auf einem Bein."

Geschichten

Ein junges Paar hat mich kürzlich völlig überrascht. Nachdem sie einen Erzählband gekauft hatten und eine Widmung für das Buch wollten, sagten sie: „Wir lesen uns jeden Abend gegenseitig eine Geschichte vor." Ich hätte nicht vermutet, daß es das im Zeitalter des Fernsehens noch gibt. Weil Kinder nichts so sehr lieben wie Geschichten erzählen, denke ich mir, werden es die Kinder dieses Paares einmal gut haben.

Jesus erzählt seine Frohe Botschaft meist in Geschichten. Manche sind so einprägsam, daß sie noch heute unter uns lebendig sind, wie das Gleichnis des barmherzigen Samariters. Spätere Zeiten haben sogar zwischen Jerusalem und Jericho eine Karawanserei, einen Gasthof gebaut, um der schönen Geschichte einen festen Platz für die Erinnerung zu geben.

Wir sollten uns wieder Zeit nehmen für Geschichten. In ihnen sind die Erfahrungen und die Weisheiten der Menschheit gespeichert. Deswegen antwortet ein Meister auf die Frage eines Schülers, woher er seine Geschichten voller Lebenswahrheit habe: „Von Gott!" Und er erklärte weiter: „Wenn Gott dich zum Arzt bestimmt hat, schickt er dir Patienten; hat er dich um Lehrer gemacht, schickt er dir Schüler; hat er dich jedoch zum Meister auserwählt, dann schenkt er dir Geschichten."

Geschmack

Über Geschmack läßt sich bekanntlich streiten, obwohl wir uns gerne einen guten Geschmack bescheinigen lassen. Wenn wir aber bei einer Sache oder gar bei einem Menschen auf den Geschmack gekommen sind, dann lassen wir nicht mehr los. Wir wollen wissen, was uns an ihm so schmeckt; wir wollen auskosten, was uns gut tut. Mag sein, daß wir bei manchem, was für uns gut wäre, noch nicht auf den Geschmack gekommen sind. Vielleicht haben wir uns zu früh zufrieden gegeben.

Es gibt ja nicht nur den Geschmack eines guten Essens, eines kernigen Weines oder eines frischen Bieres. Es gibt auch den Geschmack eines Menschen, der mir viel bedeutet; und, es gibt den geistlichen Geschmack.
Da stellt sich sofort die Frage, wie man auf diesen besonderen Geschmack kommen könne? Im Psalm 34 steht die Antwort: „Kostet und seht, wie gütig der Herr ist."
Es ist also möglich, Gott zu schmecken, bei ihm auf den Geschmack zu kommen. Aber es ist bei diesem geistlichen Geschmack wie bei vielen anderen; wir werden ihm erst durch die Erfahrung etwas abgewinnen können.
Wer Gott geschmeckt hat, wird auch bei Kleinigkeiten Außergewöhnliches erfahren. Gerade das Geistliche in uns zeigt sich in Charme und Verständnis, im Lösen und Erlösen, im Leichtsinn und im Vertrauen.

Geschwister

Man sagt dem modernen Menschen nach, ihm sei nichts mehr heilig. Ich bezweifle, ob das so stimmt. Vielleicht wurde früher einfach viel zu viel als heilig und damit als unantastbar erklärt. Zugleich ist festzustellen, daß im Gegensatz zu Jahrzehnten vorher, die Schöpfung wieder etwas Heiliges geworden ist.

Vor den letzten Worten eines Menschen haben wir großen Respekt; sein letzter Wunsch ist uns heilig. Sie sind und bleiben wichtig über seinen Tod hinaus. Für mich sind das auch die Worte Jesu, die er uns im Evangelium hinterlassen hat. Es sind Worte, die auch nach 2 000 Jahren ihre Bedeutung nicht verloren haben. Da ist zum Beispiel seine Feststellung: „Ihr alle seid Brüder!" Es ist Jesu Aufruf zu einer geschwisterlichen Solidarität. In einer Zeit, da einer gegen den anderen geht, da wegen des Arbeitsmangels aus einer Kollegin schnell eine Konkurrentin wird, da ein Schwächerer Angst vor dem Starken haben muß, in einer Zeit der Ent-Solidarisierung, sagt Jesus zu uns: „Ihr alle seid Geschwister."
Also nicht: „Jeder ist sich selbst der Nächste" oder „hilf dir selbst, dann hilft dir Gott." Sondern: „Wir sitzen alle im gleichen Boot." Wir sind füreinander verantwortlich; für unser Schicksal, für unsere Zukunft. Gott selber wird uns einst nach unserem Nächsten fragen, so wie ganz am Anfang unserer Geschichte: „Wo ist dein Bruder?" Was werden wir dann antworten?

Gewalt

Henny nannten sie ihn und sie hatten ihm diesen Namen wegen seines mädchenhaften Typs gegeben. Aber sonst sah alles an ihm nach Gewalt aus: die Kluft, die er trug, mit der drohenden Inschrift; sein betont schwerer Gang, wenn er mal nicht auf seiner Maschine saß; die Maschine selber, ein Geschoß, das er in wenigen Atemzügen auf über 200 Sachen bringen konnte. Dem Jugendamt und der Polizei war er wegen seiner ständigen Raufereien bekannt. „Es bringen." „Es ihnen zeigen." „Keine Schwachheit zeigen." Das waren die Leitsätze, nach denen er leben wollte.

Jetzt weinte Henny. – Ich ließ ihn lange weinen. Vor drei Stunden war seine Großmutter gestorben. Ganz plötzlich. Herzschlag, sagte der Notarzt. Sie war die einzige gewesen, die zu ihm gehalten hatte, von Kindheit an, erst recht, als seine Eltern geschieden wurden. Bei ihr konnte er auch ganz klein und schwach sein, der „gute Junge", wie sie ihn nannte. Überall sonst, im Club, bei der Arbeit, sogar noch unter Fremden war Stärke angesagt und Härte gefordert. Oma war die einzige gewesen, bei der er für kurze Zeit sein konnte, der er war.
„Sie hat jetzt ihren Frieden", sagte ich vorsichtig. „Weinen tut gut", sagte er und ging. Und ich hoffte, daß er auch Frieden mit sich schließen konnte.

Gewicht

Es gibt Tage, die haben für uns eine besondere Bedeutung: zum Beispiel, wenn wir uns auf eine Prüfung vorbereiten müssen oder wenn eine wichtige Entscheidung ansteht. Wir denken dann: hoffentlich sind diese Zeiten bald hinter uns.
Es gibt aber auch Tage, die dadurch ein besonderes Gewicht haben, weil sie uns auf Wichtigeres hinweisen. Ich denke dabei an Gründonnerstag, an Karfreitag und an Ostern. Sie sind nicht nur durch die religiöse Tradition, sie sind auch durch unsere Erinnerung randvoll gefüllt: Am Gründonnerstag feierte Jesus mit seinen Jüngern das Letzte Abendmahl: am Karfreitag starb er am Kreuz; am Ostermorgen erstand er zu neuem Leben. Ich weiß nicht, wie Sie diese Tage feiern: ob Sie auf der Autobahn unterwegs sein werden zu einem Kurzurlaub: ob Sie zu Hause bleiben und auf gutes Frühlingswetter hoffen; oder ob Sie ausgerechnet an diesen Tagen Dienst tun müssen.
Ich weiß aber, daß diese Zeit eine Botschaft übermitteln kann, die für uns alle sehr wichtig ist: Die Christen feiern an diesen Tagen, daß Jesus Christus sein Leben verschenkt hat, um unserem Leben Sinn und Zukunft zu geben. Das mag für Sie sehr fromm klingen. Jedenfalls hat diese Botschaft für Millionen von Menschen in vielen Generationen ausgereicht, ihr Leben danach auszurichten und glücklich zu werden. Sie haben nämlich versucht, das an andere weiterzuschenken, was sie selber bekommen haben. Sie haben geteilt und sich mitgeteilt und sind dadurch nicht ärmer geworden.

Sie sagen es sich doch oft selber: Nur ein Tag, an dem ich Gutes getan habe, der hat wirklich Gewicht.

Gewissenserforschung

In den Nachrichtensendungen sind die wichtigsten Ereignisse eines Tages zusammengefaßt. Der Sprecher übermittelt uns Tatsachen aus aller Welt; an uns liegt es, diese Ereignisse zu bewerten und zu beurteilen.

Vielleicht kennen Sie noch den Brauch, am Abend vor dem Schlafengehen über den Tag nachzudenken, Gewissenserforschung zu halten. Das bedeutet nicht nur zu überlegen, was der Tag alles gebracht hat, sondern die Lebenstatsachen zu beurteilen. In der Gewissenserforschung stellen wir uns unserer Wirklichkeit, wir freuen uns über das, was uns Gutes gelungen ist, wir bedauern oder bereuen, was wir falsch gemacht haben.

Die Gewissenserforschung, so hat ein Erfahrener gesagt, ist die Hygiene der Seele. Eltern wissen, daß ihre Kinder leichter einschlafen, wenn die guten und schlechten Ereignisse des Tages durch das Erzählen aufgearbeitet wurden. Kinder können sich noch freisprechen im wahren Sinne des Wortes. Ganz instinktiv lassen sie los, was der Tag gebracht hatte und schlafen dann voller Zuversicht in einen neuen Tag hinein.

Ich frage mich jetzt, ob die weit verbreitete Schlaflosigkeit und die Abhängigkeit von Schlafmitteln nicht auch damit zusammenhängen kann, daß wir unsere Seele nicht täglich reinigen, daß wir ihr keine Chance geben, loszulassen. Die tägliche Minute der Besinnung auf uns selbst, könnte zwei kleine Wunder bewirken: Einmal lernen wir uns selber besser kennen. Zum anderen können wir gelassener und zuversichtlicher in den nächsten Tag hineingehen, wenn wir den vergangenen abgelegt haben. Ich wünsche Ihnen immer einen guten Schlaf.

Glaube

Ein Elternpaar kam, um das erste Kind, eine Tochter, zur Taufe anzumelden. Es entwickelte sich ein gutes Gespräch bis auf einmal, ganz unvermittelt, der junge Vater sagte: „Ich glaube nicht an Gott!" Für einen Moment hing der folgenschwere Satz wie eine Bombe im Sprechzimmer. Ich fing den hilfesuchenden Blick der Mutter auf und sagte: „Darauf kommt es gar nicht an; wichtig ist, daß Gott an sie glaubt und daß er euch beide mit diesem Kind eine wichtige Aufgabe anvertraut."

Wie leicht verlieren wir den Glauben an das Gute im Menschen, vor allem wenn wir einmal persönlich ganz tief getroffen wurden; aber auch angesichts des Elends und der Ungerechtigkeiten unserer Welt.
Da ist es gut, darauf vertrauen zu dürfen, daß Gott nicht den Glauben an uns verloren hat. „Gott wohnt in jedem Menschen, sogar im größten Sünder", sagt der Mystiker Johannes vom Kreuz.

Jetzt liegt es an uns, Verbündete zu suchen. Weil wir glauben, daß Gott auch in dem wirkt, der neben meinem Arbeitsplatz steht, mit mir im Bus zur Stadt fährt, an der Theke sein Bier trinkt, sollte es nicht zu schwer sein, in diesem Menschen einen Weggefährten zu finden, um die Welt um uns ein wenig besser zu machen.

Glück

Manche warten so angespannt auf das große Glück, daß sie darüber die kleinen Glücksfälle, die der Alltag bereithält, versäumen. Selbst größere glückliche Ereignisse registrieren wir kaum: Da hatte uns jemand die Adresse eines Arztes vermittelt, der wirksam helfen konnte; da kamen wir aus einem Unfall mit einem Blechschaden davon; da bewahrte uns ein verpaßter Termin vor einer Fehlentscheidung.
Bestenfalls meinen wir „Glück gehabt" und gehen zur Tagesordnung über; oder wir sagen: Gott sei Dank! Aber es klingt nicht wie ein Gebet; denn die Konsequenz bleibt aus. Es müßte sich nämlich für uns die Frage aufdrängen: Was bedeutet dieser Glücksfall für mein Leben? Wenn wir hinter den guten Dingen unseres Lebens Gott erkennen könnten, wären wir tragfähiger, wenn uns Unglück und Leid überfallen.

Es stimmt schon: Wer in guten Zeiten gelernt hat, alle Ereignisse mit Gott und seinen Plänen zu deuten, und dieses Lernen geschieht durch die Dankbarkeit, der braucht auch in bösen und bitteren Tagen nicht zu verzweifeln. Er wird eine Antwort finden; für sich und für andere. Es kann sein, daß diese Antwort zu Zeiten ganz verhalten und leise gegeben wird. Aber selbst dann klingt noch die Einsicht durch: Glück gehabt. Oder sogar: Gott sei Dank.

Glückskette

Ein Erlebnis kommt mir immer in den Sinn, obwohl es schon über 40 Jahre her ist: Ich hatte einen Freund getroffen in einer großen, fremden Stadt, und ihn zum Essen eingeladen. Wie es der böse Zufall so wollte, hatten am Ende weder ich noch er einen Pfennig in der Tasche, um die Rechnung zu bezahlen.
Um es kurz zu machen: Die Bedienung war nett und hatte Verständnis; aber wie sollten wir ohne Geld die peinliche Geschichte aus der Welt schaffen? Während wir noch dies und das überlegten, zahlte eine Frau vom Nachbartisch unaufgefordert die Zeche. Als ich sie um ihre Adresse bat, um den Betrag erstatten zu können, erledigte sie das Ganze mit einer Handbewegung und sagte: „Machen Sie es bei nächster Gelegenheit ganz einfach so wie ich!"
Seither hatte ich schon zweimal die Möglichkeit „meine Schulden" zu bezahlen. Zweimal bat ich nur: „Machen Sie es so wie ich!" Und ich hoffe, daß das Rad, das vor über 40 Jahren in Gang gesetzt wurde, noch immer unter uns rollt. Vielleicht sind Sie ihm auch schon begegnet?

Es ist ja einfach nicht wahr, wenn behauptet wird, Nächstenliebe sei ein Stück von der Dummheit oder Undank sei der Welten Lohn. Das ist nur die eine Seite unseres Lebens. Die andere Seite, das Gute einfach weiterzugeben und so wirken zu lassen, pflegen wir nur zu selten. Schon immer lag die Kraft des Guten nicht darin, es sorgfältig aufzubewahren, sondern es zu tun und weiterzugeben: Es gibt nichts Gutes, außer man tut es. Deswegen konnte Jesus sagen: „Was ihr einem der Geringsten getan habt, habt ihr mir getan." Er hätte auch sagen können: Selbst das Kleinste, das ihr für einen anderen tut, findet seinen Weg zu Gott. Ich bin gespannt, wann Sie die gute Kette in Gang setzen?!

Gott

Mit Gott ist das so eine Sache. Manche erfahren das an den Weihnachtstagen. Was wir wirklich von ihm wissen können, geht auf eine einzige Postkarte. Die Ansprachen aber, die zum Fest gehalten werden, könnten Bände füllen. Wäre es da nicht besser, von Gott zu schweigen? Gott ist Mensch geworden. Das ist eine gewaltige Botschaft, die wir auch mit vielen Worten nicht ausschöpfen können. So gewaltig, daß manche über dieser Botschaft zu Atheisten, zu Ungläubigen, zu Gottlosen geworden sind.

Ein Rabbi wurde einst von seinen Schülern befragt: „Warum duldet Gott die Gottlosen?" Sie bekamen die Antwort: „Damit ihr den Menschen beisteht, als hinge alles von euch ab. Damit ihr aber auch gleichzeitig alles in die Hände Gottes legt, als hinge es allein von ihm ab." Gläubige wie Ungläubige, das soll weiß Gott kein Schimpfwort sein, sitzen alle im gleichen Boot. Es macht also keinen Sinn, daß die einen Halleluja singend, die anderen fluchend, miteinander untergehen. Wir müssen diese Erde miteinander retten.

Gott kennt keine Stiefkinder, wie Christen manchmal meinen. Vielleicht sind die Ungläubigen viel näher bei Gott, weil sie ihn nicht ständig im Munde führen und dann doch keine Konsequenzen ziehen. Bischof Franz Kamphaus hat vor Jahren das Wort geprägt: „Machs wie Gott – werde Mensch!" Dieser Auftrag könnte Gläubige wie Ungläubige aneinander binden. Zu beiderseitigem Nutzen und nicht nur in der Weihnachtszeit.

Gottesbild

Es gibt so viele Gottesbilder wie es Menschen gibt. Aber selbst alle Bilder zusammen genommen, können Gott nicht erfassen. Sie sind falsch. Das Bilderverbot der Bibel wendet sich deswegen nicht nur gegen selbst geschnitzte oder gemalte Darstellungen; es wendet sich auch gegen unsere Vorstellungen, die allesamt in der Gefahr sind, sich einen Gott „nach eigenem Bild und Gleichnis" zu schaffen.

Ein jüdischer Rabbi sagte einmal: „Gott ist nicht nett. Gott ist kein guter Onkel. Gott ist ein Erdbeben." Achten wir einmal auf die Formeln, mit denen wir unsere Gebete beginnen: „Guter Gott", heißt es da, oder auch: „Lieber Gott". Wir haben Gott zu einer bürgerlichen Ausgabe gemacht; ein Gott ohne Konsequenzen. Gott aber ist wie ein Erdbeben. Er zieht uns gelegentlich den Boden unter den Füßen weg und das „lieber Gott" bleibt uns dann in der Kehle stecken. Wir machen dann Gott bittere Vorwürfe, daß er nicht so ist, wie wir ihn uns gedacht haben.

Ein weiser Mensch sagte zu seinen Schülern: „Jedes Bild, das man für Gott gebraucht, zeigt, wie er nicht ist." Die Schüler fragten: „Wie also sollen wir von Gott sprechen?" „Durch Schweigen", war die Antwort. „Warum sprecht Ihr dann von Gott?" wollten die Schüler wissen. Der Meister antwortete: „Ihr sollt auf das hören, was ich nicht sage."

Gottesdienst

Es gibt Sätze und Entschuldigungsformeln, die sich halten. Sie sind in allen Generationen gleich. Wenn sich einer nicht an eine religiöse Gemeinschaft und ihre Satzungen binden will, sagt er: „Es gibt nur einen Gott." Und wenn sich eine andere dafür entschuldigt, daß sie nicht beim Gottesdienst zu sehen ist, heißt es: „Die in die Kirche rennen, sind auch nicht besser." Dabei habe ich noch selten Menschen in die Kirche rennen sehen, jedenfalls nicht die, die mit dem Vorwurf gemeint sind.

Der kritische Prophet Amos läßt Gott sprechen: „Ich hasse eure Feste, ich verabscheue sie und kann eure feierlichen Versammlungen nicht riechen" (5,21). Trifft das Prophetenwort etwa auch unsere Gottesdienste und religiösen Feiern? Kommen wir nicht extra wegen ihm am Sonntag zu feiern, „opfern" unsere Zeit, bereiten uns vor und nehmen mancherlei Unbequemlichkeiten auf uns?
Gott ist, so zeigt es jedenfalls der Prophet, gegen jede Form des religiösen Feierns, wenn es den Bezug zum Leben verloren hat, wenn die, „die in die Kirche rennen" nicht wenigstens Besseres wollen. „Barmherzigkeit will ich, nicht Opfer" zitiert Jesus einen anderen Propheten, für Amos haben „Recht und Gerechtigkeit" eine zentrale Bedeutung. Wahrer Gottesdienst kann nicht an den Freuden und Leiden, nicht am Hunger und der Ungerechtigkeit unserer Welt vorbei gefeiert werden.

Grasbüschel

Bevor der Missionar zur Feier des Gottesdienstes kommt, schickt er, so will es der Brauch bei einem afrikanischen Stamm, an den Dorfältesten einen Grasbüschel. Der gibt ihn mit der Einladung zum Gottesdienst an seinen Nachbarn weiter; das geht aber nur, wenn er mit ihm in Frieden lebt. Hat er mit dem Nachbarn Streit, muß er sich erst versöhnen. So läuft der Grasbüschel von Haus zu Haus; und erst wenn das Zeichen des Friedens und der Versöhnung zum Missionar zurückgekehrt ist, macht der sich auf den Weg: Jetzt kann er Gottesdienst halten. Kommt der Grasbüschel nicht zurück, geht der Missionar in ein anderes Dorf.

Ich denke mir, daß unsere Kirchen noch leerer wären, als sie es jetzt schon sind, wenn es unter uns diesen schlichten Brauch gäbe. Aber unsere Gottesdienste und religiösen Feiern wären ehrlicher und offener, weil da Versöhnte miteinander beten und singen; sicher wären auch unsere Gebete „erfolgreicher", wenn wir mit gutem Gewissen bitten könnten. Uns Christen fehlt ganz einfach die Glaubwürdigkeit.
Wir haben uns angewöhnt, von einer geschwisterlichen Kirche zu sprechen; auch Geschwister streiten miteinander. Aber wer vor Gott stehen will, muß auch den Willen und den Mut haben, den Streit zu beenden und sich auszusöhnen. Dazu bräuchten wir ein Erinnerungszeichen; es muß nicht unbedingt ein Grasbüschel sein.

Gruß

Der Gruß gehört zum schönsten und wichtigsten Austausch im Umgang miteinander. Auch wenn wir Mitteleuropäer beim Grüßen eher zurückhaltend sind, die Südländer umarmen und küssen sich, wenn sie sich begegnen, ist uns der gegenseitige Gruß sehr wichtig: Wir freuen uns, wenn wir gegrüßt werden, wir sind verärgert, wenn unser Gruß nicht beachtet wird, wir bestrafen einen, wenn wir sagen, den werde ich nicht mehr grüßen.
Diesseits der Mainlinie wünschen wir uns nicht nur einen Guten Morgen, einen Guten Tag oder einen Guten Abend. Unser Gruß, passend zu allen Tageszeiten, ist das Grüß Gott. Nach einer längeren Auslandsreise fühlte ich mich erst dann wieder so richtig zu Hause, als ich den Stationssprecher des Bayerischen Rundfunks die Nachrichten mit einem freundlichen Grüß Gott einleiten hörte.
Mit dieser Grußform wird der andere nicht etwa aufgefordert, Gott zu grüßen, er wird von uns „im Namen Gottes" begrüßt. In jedem Gruß schimmert so die Botschaft des Evangeliums durch, daß uns in jedem Menschen Gott begegnet. Auch wenn uns das nicht in jedem Falle bewußt ist, auch wenn wir oft nur gewohnheitsmäßig grüßen, wollten wir uns diesen schönen Gruß nicht durch saloppe Modeformen nehmen lassen.

Für Jesus war der Gruß wichtig. Er grüßte mit dem landesüblichen Schalom, der Friede sei mit Dir. Gemeint ist ein Friede, der von Gott kommt. Und damit begegnen sich in ihrem Inhalt das biblische Schalom und unser Grüß Gott: Wir wünschen uns gegenseitig das Gute, das von Gott kommt. Einen Gruß zu verschenken, ohne darauf zu achten, ob wir wieder beschenkt werden, ist ganz leicht. Ihr freundliches Grüß Gott morgen kommt vielleicht nicht immer direkt, bestimmt aber auf Umwegen zu Ihnen zurück.

Guru

Bei einer Diskussion über den Erfolg der Sekten, besonders bei jungen Leuten, zeigte sich viel Unverständnis, warum sich vernünftige Menschen der absoluten Führung durch einen Guru widerstandslos unterwarfen. „Du bist niemand, der Meister ist alles", heißt es beispielsweise bei der Bhagwan-Bewegung. Ein Ehemaliger brachte es auf den Punkt: „Der Papst wird dir vorgesetzt, den Guru wählst du selbst!"

Der Meister vermittelt jedem in der Gruppe drei lange entbehrte Gefühle: Alles ist klar und eindeutig. Ich werde gebraucht. Ich werde angenommen und geliebt, wie ich bin. Gerade die intensive Zuwendung am Anfang, bezeichnenderweise „Love bombing" genannt, macht den Erfolg der religiösen Gruppen aus. Es dauert lange, bis einer dahinter sehen kann. Dabei ist die Negativliste dieser Gruppen lang: Fanatismus, Freiheitsbeschränkung, Realitätsverlust, Personenkult, Abhängigkeit, versteckte finanzielle Interessen sind nur einige davon.

Gerade weil das so ist, müßten die Kirchen über die drei verloren gegangenen Gefühle nachdenken und sich zum Menschen bekehren. Gerade weil eine Religion, wenn sie ernst gemeint ist, einen Anspruch auf das ganze Leben erhebt, sollten Eindeutigkeit, Annahme und Zuwendung in den christlichen Gemeinden wieder zur Selbstverständlichkeit werden.

Hartnäckigkeit

„Da ist die Luft raus!", sagte er, hob bedauernd die Schultern ein wenig an und ging. Und zurück blieb tatsächlich das Gefühl, als sitze man auf einer Luftmatratze, aus der die Luft entwichen ist. Fast ist noch das „Pfffffft" zu hören.

Da ist die Luft raus, das sagen wir, wenn eine Idee gestorben ist, wenn von einem Menschen nichts mehr zu erwarten ist. Bei einem platten Reifen gibt es einige Möglichkeiten, das Problem zu lösen. Man greift zu Flickzeug und Luftpumpe, oder man wechselt das Rad. Was ein bißchen Mühe, was ein bißchen Luft doch ausmacht! Gleich kann es weiter gehen. Mir scheint, daß wir viel zu schnell aufgeben, wenn uns wirklich mal die Luft ausgegangen ist, statt tief Luft zu holen, Atem zu schöpfen und weiterzumachen.
In der Heiligen Schrift finden wir ein originelles Gleichnis dafür, daß zuzeiten auch Hartnäckigkeit gefragt ist, nicht nur, wenn es um das Beten und Bitten, auch wenn es um mehr Gerechtigkeit, ganz einfach, wenn es um das Durchhaltevermögen geht.
Jesus erzählt: „In einer Stadt lebte ein Richter, der Gott nicht fürchtete und auf keinen Menschen Rücksicht nahm. In der gleichen Stadt lebte ein Witwe, die immer wieder zu ihm kam und sagte: ‚Verschaff' mir Recht gegen meinen Feind.' Endlich sagte der Richter: ‚Ich will der Witwe zu ihrem Recht verhelfen, denn sie läßt mich nicht in Ruhe. Sonst kommt sie am Ende noch und schlägt mir ins Gesicht'" (Lk 18,1 ff).

Wir brauchen manchmal den langen Atem, damit uns die Luft nicht ausgeht.

Heilung

Es gibt ansteckende Krankheiten, die uns zwingen, den Patienten zu isolieren; auch eine Strahlenbehandlung erfordert diese Vorsichtsmaßnahme. Aber es gibt noch zu viele Fälle, wo Menschen schnell abgeschoben werden, ins Krankenhaus, in die psychiatrische Klinik, ins Altersheim. Mit der Vereinzelung wächst die Vereinsamung.

Mit dem Kranken war alles abgesprochen. Als ich auf der Station sein Zimmer betrat, um ihn die Krankensalbung zu spenden, wollten die Besucher, alles nahe Verwandte, sich dezent zurückziehen. Sie waren nur mühsam zu bewegen, zu bleiben und den kleinen Krankengottesdienst mitzufeiern. Hinterher gab es gute Worte. Der Schwerkranke bedankte sich bei seiner Familie; die Familie beim Pfarrer; der wieder bei allen Beteiligten. Sie hatten miteinander eine neue Erfahrung gemacht: Wir sind auch eine Heilungsgemeinschaft, wir sind nicht nur in guten Zeiten füreinander verantwortlich; wir sind einander auch zum Heil und zur Heilung bestimmt. Dafür braucht der Mensch Zeichen.

Langsam ahnen wir, daß zu wirksamen Medikamenten wieder die heilsame Zuwendung kommen muß, um einem Kranken zu helfen. Die Krankensalbung ist ein Zeichen für diese Zuwendung. Gott selber tritt an unsere Seite und teilt durch Jesus Christus seine heilende Kraft mit. Früchte dieser heilenden Kraft sind schon Trost und Stärkung, die wir aneinander erfahren.

Herausforderung

Es wird von einem Menschen erzählt, der einen bösen Drang in sich hatte; er mußte alles zerstören, was schön und was gut war. Eines Tages sah er am Rande der Oase eine junge Palme. Voller Bosheit legte er ihr einen schweren Stein in die zarte Krone und ging.
Die kleine Palme beugte sich nicht; sie wehrte sich, streckte sich mit aller Kraft nach oben und trieb ihre Wurzeln tief in den Sand, um die schwere Last aushalten zu können. Dabei erreichte sie eine Wasserader, die sie mit allem Nötigen versorgte. Als der böse Mensch nach Jahrzehnten wieder die Oase besuchte, war die Palme unter ihrer Last zum schönsten und größten Baum weit und breit geworden…

Oft empfinden wir Zumutungen als eine Last, die uns niederdrücken und zerbrechen will. Wir übersehen, wegen der Belastung, die Chance, die in dieser Herausforderung steckt. Was uns fordert, zwingt uns dazu, daß wir aus uns herausgehen und uns ausstrecken in Richtungen, die wir sonst nie ausprobieren würden. Und dann stellen wir erstaunt fest, daß wir noch gar nicht an unsere Grenzen gekommen sind; daß wir weit mehr bringen können, als wir gedacht haben.
Das Wort Jesu: „Wer mein Jünger sein will, nehme sein Kreuz auf sich und folge mir nach…" weist mich in die gleiche Richtung: Eine Herausforderung nicht nur als Last, sondern vor allem als eine Chance zu erkennen, die mir hilft, über mich hinauszuwachsen wie die Palme in der Wüste.

Hexen

Als der Jesuit Friedrich von Spee in seiner Würzburger Zeit das schöne Weihnachtslied schrieb „Zu Betlehem geboren ist uns ein Kindelein", war die Welt alles andere als Weihnachtsseligkeit, als friedlich und besinnlich: Es war die Zeit der Hexenprozesse. Vor 400 Jahren mußte der Priester über 200 unschuldige Frauen auf den Tod vorbereiten. In dieser Zeit erschien sein Buch gegen den Hexenwahn. Es mußte anonym verlegt werden; aber das Ende der grausamen Verirrung der Kirche war damit bereits markiert.

Inzwischen erobern sich böse Geister und Dämonen auf heimlich unheimliche Weise verlorenes Feld zurück. Über okkulte Praktiken ergreifen sie Besitz von den Seelen; stürzen in Unsicherheiten, Zweifel und Ängste. Manches Dunkle, Versteckte und Verdrängte bricht dabei aus dem Innern des Menschen heraus und verstärkt die Ängste. Wer im Kinderglauben stecken geblieben ist, weil der Glaube nicht gereift ist, kann durch den Aberglauben krank werden.
Die beste Waffe gegen den Dämonen-Aberglauben ist die Besonnenheit. Sie fragt erst einmal, was steckt dahinter? Wenn Betroffene ganz offen ihre Sorgen und Ängste aussprechen können, wenn sie sich ernst genommen fühlen, ist der erste Schritt zur Befreiung getan. Der zweite Schritt ist es, dem Glauben durch die ehrliche Auseinandersetzung mit dem Leben einen Platz zu schaffen. Jede Verdrängung schafft neue Ängste.

Hilfe

Es ist schon ein merkwürdiges widersprüchliches Wort, dieses „Hilf dir selbst, dann hilft dir Gott!" Auf der einen Seite kommt offensichtlich alles auf den Menschen an, auf der anderen wird auch Gott ins Spiel gebracht. Es steht nicht fest, wie diese Hilfe aussehen kann und wo der größere Anteil am Erfolg liegt. Bei Gott? Beim Menschen? Soviel ist sicher: Diese alte Redensart appelliert an die Eigeninitiative des Menschen, warnt aber zugleich auch vor der menschlichen Überheblichkeit.
Mir fällt dazu eine kleine chassidische Geschichte ein. Ein Rabbi sagt zu einem trostlosen Menschen: „Ich bin sicher, Gott wird dir schon helfen!" – „Schön und gut!" meint darauf der Hilfesuchende; „aber was ist in der Zwischenzeit, bis Gott mir wirklich hilft?" – „Da wird dir Gott beim Warten helfen!" ist die einfache Antwort des klugen Lehrers.

In kritischen, manchmal fast aussichtslosen Situationen verlieren wir leicht die Geduld; wir halten es nicht mehr aus; wir beginnen zu verzweifeln und geben uns auf. Damit verlieren wir schnell zusammen mit den Nerven auch den Blick für die richtige Lösung des Problems, die vielleicht unmittelbar bevorsteht.
Hilf dir selbst, dann hilft dir Gott! will uns sagen: Der Mensch muß sich zuerst einmal helfen lassen wollen. Erst wenn er zugibt, daß er leidet, daß er alleine nicht weiterkommt, daß er Hilfe braucht, verläßt er das Schneckenhaus der Einsamkeit und Trostlosigkeit. Er öffnet sich, und dann kann ihm auch von Gott geholfen werden – durch den Menschen.

Höhenflug

Nach langen, sorgfältigen Vorbereitungen hatte der Heißluftballon überraschend schnell abgehoben. In ruhiger Fahrt glitt unsere Gondel über Häuser und Straßen, die bald wie aus der Spielzeugkiste aussahen. Nach zweieinhalb Stunden ging uns die „heiße Luft" aus und mit einem kräftigen Aufschlag landeten wir auf einem Stoppelfeld. Der Höhenflug war beendet.

Das Gesetz der Schwerkraft hat Folgen; wir sind an die Erde gebunden. Alle unsere Ausflüge nach oben, so schön sie auch sein mögen, enden schnell und manchmal ganz hart auf dem Boden der Tatsachen.
Was für den Ballon die heiße Luft ist, ist für unser Leben ein leichter Sinn, der uns nach oben treiben kann. Der Leicht-Sinn rät uns, nichts ernster zu nehmen als es ist; auch uns nicht ernster zu nehmen, als wir sind. Dann kleben wir nicht am Boden fest, also an den Problemen und an den Schwierigkeiten, dann schauen wir nach oben.
Wer mit sich Frieden geschlossen hat, wer zufrieden ist, der verfügt über jene Leichtigkeit, die ihn erhebt und Gott ganz nahebringt.

Hölle

Ein Lied

Es kam, wie es kommen mußte:
Die Hölle war total überfüllt.
Vor ihren Toren standen in langen Schlangen
die Kindesschänder, Ehebrecher und Mörder.
Sie alle warteten auf einen Platz in der Hölle.
Doch es war nur noch einer frei.

Es kam, wie es kommen mußte:
Die Hölle war total überfüllt.
Vor ihren Toren gab es ein lautes Geschrei
der Kindesschänder, Ehebrecher und Mörder.
Sie alle kämpften um einen Platz in der Hölle.
Doch es war nur noch einer frei.

Es kam wie es kommen mußte:
Die Hölle war total überfüllt.
Zu ihren Toren machte sich auf der Teufel,
um selber den schlimmsten Sünder zu finden
für den letzten, den einzigen Platz in der Hölle.
Denn es war nur noch einer frei.

Es kam, wie es kommen mußte:
Der Satan fand schließlich einen
Frommen, der hatte überhaupt nichts getan.
Nichts Schlimmes. Nichts Böses. Doch auch nichts Gutes.
Ihm gab der Teufel den einzigen Platz in der Hölle.
Für den Frommen war er noch frei.

Hörer

Wenn ich im Studio sitze, zur Aufnahme dieser kurzen Gedanken, dann kann es mir passieren, daß der Techniker jenseits der schalldichten Glasscheibe mir auf einmal zuhört. Zuhören, das gehört zu seiner Aufgabe. Er muß zum Beispiel darauf achten, daß ich mich nicht verspreche oder daß kein störendes Geräusch mit aufs Band kommt. Aber wirklich hinhören, mit Interesse zuhören, nicht nur auf die Worte, sondern auf den Sinn, auf das, was dahintersteckt, das ist schon was Besonderes.

Wir müssen im Laufe eines Tages sehr viel anhören: Nachrichten und Reklame, Anordnungen und Wünsche, Beschimpfungen, vielleicht sogar Komplimente. Wie wenig unter uns wirklich hingehört wird, wollte ein Scherzbold beweisen. Auf die Frage eines Bekannten: „Wie geht's?" antwortete er: „Danke, ich bin gestern gestorben." Die gedankenlose Reaktion darauf: „Das freut mich aber!"
Wenn wir unser Gehör solcherart auf Durchzug gestellt haben, zum einen Ohr hinein, zum anderen wieder hinaus, dann kann es natürlich sein, daß wir wichtige Nachrichten überhören, daß dringende Botschaften gar nicht mehr bei uns ankommen. Wahrscheinlich wird unter uns viel zu viel und damit Überflüssiges geredet; wir machen Worte um nichts. Kein Wunder, wenn wir nicht richtig hinhören können und keiner uns hört, wenn wir klagen.

Jesus sagt: „Achtet auf das, was ihr hört" (Mk 4,24). Gebt acht, was der andere sagt; hört aufmerksam zu, damit ihr prüfen könnt, was für euch, was für den anderen wichtig oder notwendig ist. Wir schenken einem Menschen schon sehr viel, wenn wir ihm nur zuhören.

Hunger

Hunger in der Welt und Gründonnerstag passen nicht zusammen. Wenn Christen sich an diesem Tag unter den Zeichen von Brot und Wein an Jesu Leben erinnern, wenn sie ihn unter dem Zeichen der Grundnahrungsmittel feiern, dürfen sie den Hunger in der Welt nicht vergessen. Es ist grotesk: Für die Rüstungsausgaben eines einzigen Monats könnte der Hunger der Welt für ein Jahr überwunden sein.

Jesus hat zu seinem Abschied gesagt: „Ich bin das Brot für das Leben der Welt!" Wir haben dieses Wort so vergeistigt, daß es keinen Bezug mehr hat zu unserer Zeit und für unsere Verantwortung. Wer am Gründonnerstag und an jedem anderen Tag des Jahres das „Brot des Lebens" für sich nimmt, kann nicht mit einem Achselzucken über die Hungersnot hinweggehen, sonst „ißt und trinkt er sich das Gericht". Wir haben es uns angewöhnt, Menschen von diesem gemeinsamen Mahl auszugrenzen, wenn sie nicht unseren moralischen Vorstellungen entsprechen. Wir bedenken nicht, daß wir uns selber von der Kommunion mit Gott ausschließen, wenn uns der Hunger der Kinder, Männer und Frauen in der Welt nicht betroffen macht und uns auf Abhilfe sinnen läßt.

Jesus würde heute zu den Christen sagen: „Ihr seid das Brot der Welt!" Er macht uns verantwortlich für die Not in der Welt, aber auch für die Not in unseren Gemeinden: Hier müssen wir füreinander nahrhaft werden wie das Brot und erfreulich wie der Wein, oder das Vaterunser müßte uns im Halse stecken bleiben.

Hungersnot

Seit ich mit einem Team junger Leute Gottesdienste vorbereite, beschäftige ich mich auch mit ihrer Musik. Da galt es für einen 60jährigen einiges aufzuholen. Nicht nur die Namen und die Trends der Gruppen, auch in ihre Musik galt es einzudringen und sie als Signale unserer Zeit zu verstehen. Erstaunliches habe ich dabei entdeckt. Zum Beispiel wie nahe Bands am Puls der Zeit sind. Deswegen geht bei den jungen Leuten mit ihnen „etwas ab". Deswegen dachte ich, geht in der Kirche so wenig ab.

Ich höre zum Beispiel in die CD „Outside" hinein. Es geht um die, die „draußen" sind; es geht darum, wie sie leben und es geht vor allem um ihre Gefühle. Was man auf dieser Scheibe hört, ist Unruhe, Angst, das Gefühl der Hilflosigkeit angesichts des Wertewandels, vor allem angesichts eines zusammenbrechenden Zeitalters. Und dann lese ich das erstaunliche Wort von David Bowie: „Es existiert eine spirituelle Hungersnot. Oder wie soll man diese neo-heidnischen Bewegungen des Tätowierens und Piercings sonst nennen. Das Problem ist, daß die jüdisch-christliche Ethik die ganzen Dinge, die die Leute autoritativ und religiös behandelt wissen wollen, nicht aufnehmen kann."

So habe ich das bislang nicht gesehen. Wenn ich unter diesen Gedanken meine Kirche sehe, stelle ich fest: Gegen den spirituellen Hunger hat sie nichts zu bieten als „religiösen Fastfood". Wenig nahrhaft.

Hut

Wir hatten eine lebendige Diskussion hinter uns und meinten, auch ein gutes Ergebnis gefunden zu haben, als einer aus dem Kreis urteilte: „Das ist doch ein alter Hut!" Sofort kühlte sich das Klima ab und die Versammlung schien vom Ziel meilenweit entfernt zu sein. Wer von den Experten, die da eingeladen waren, mochte sich schon einen alten Hut aufsetzen?

Ich mußte an meinen alten Hut denken, der zerknautscht und arg strapaziert in meinem Auto lag. Er hatte mich auf vielen Wandertouren begleitet, durch Sonne und Regen, durch Wind und Schneegestöber. Längst wäre ein neuer fällig, aber ich konnte mich von dem Stück Filz nicht trennen. Muß denn alles schlecht sein, dachte ich, was alt ist, was von gestern oder von noch früher kommt? Mit einem alten Hut kann man sehr viel wegwerfen: Gute Erinnerungen, überstandene Strapazen, und, ich mußte lächeln, auch jenes lustige Ereignis, als wir mit eben diesem alten Hut eiligst Wasser transportierten, um unser angebranntes Gulasch über dem Lagerfeuer abzulöschen.
Mit diesem Hintergrund griff ich noch einmal in die Auseinandersetzung ein. Ein alter Hut, meinte ich, könne noch recht nützlich sein, vielleicht sogar vor Übereilung bewahren und so vor Dummheiten behüten. Ein alter Hut hat nun mal seine Erfahrungen gemacht; er ist ein Experte geworden. Der alte Hut wirkte: Unser Diskussionsergebnis stand.

Jesus vergleicht einmal einen Menschen, der weiß worauf es in der Welt Gottes ankommt, mit einem „Hausherrn, der aus seinem reichen Vorrat Neues und Altes hervorholt" (Mt 13,52). Was für das Reich Gottes gilt, gilt auch für unseren Alltag. Neues und Altes zusammen machen erst unser Leben lebenswert.

Ich

Ein Afrikaner dichtete so: „Gott schuf mich. Ich. Gott schuf dich. Du. Um Gotteswillen. Laß mich ich sein." Dieser Schrei nach Anerkennung und Selbstwert hat mich tief betroffen gemacht. Wir sind als Bewohner der Ersten Welt geneigt, die Menschen in der Dritten und Vierten Welt wie unmündige Kinder zu behandeln. Doch wir verstoßen auch hier unter uns gegen die Selbstachtung eines Menschen. Meist meinen wir es nicht einmal schlecht mit dem anderen, wenn wir sagen: „Laß das besser mich machen." „Allein schaffst du das nie." „Keiner weiß so gut wie ich, was dir fehlt."
Das beginnt bei dem Kind, das wir in seine Spielecke zurückschicken, wenn es uns helfen will; das zeigt sich beim alten Menschen, den wir zur Aufgabe seines „unmöglichen Verhältnisses" überreden wollen; das zeigt sich in den Verhandlungen mit den Entwicklungshilfe-Ländern. „Laß mich ich sein" – Wer diesen Schrei erfüllen will, muß einen großen Respekt vor der Würde eines jeden Menschen haben, ob es ein Kind ist, ein Behinderter im Rollstuhl oder ein „Pflegefall" auf der Station. Jeder ist ein einmaliger, unverwechselbarer Mensch; so wie ich.

Die Jünger Jesu haben lange gebraucht, die Geste der Fußwaschung zu verstehen. Jesus beugt sich zu ihnen herab und leistet ihnen den demütigen Dienst (vgl Joh 13). Er gab ihnen Würde, er gibt uns ein Beispiel. Mut zum Herunterbeugen, zum Dienen. Das ist eine Haltung, die uns heute abgeht. Deswegen werden wir den Menschen nicht gerecht. Demut, das erfordert ein gutes Maß an menschlicher Reife und Größe. Aber Demut läßt sich trainieren; in kleinen Schritten: Wie ich morgen ein Kind anschaue. Wenn ich meinen Partner um etwas bitte. Wie ich dem alten Mann zuhöre. Wenn ich nicht alles besser weiß und kann.

I love…

Wer kennt sie nicht, die bekannten Aufkleber mit dem roten Herzen: „I love…" Ein Autofahrer bekennt sich da zu seiner Liebe. Es gibt vieles, was einem etwas wert ist, was man lieben kann. Warum nicht – wie der Autofahrer vor mir: „I love Würzburg!"

Warum nicht einmal eine Liebeserklärung abgeben für die Stadt, die Gemeinde, in der man lebt, die einem zur Heimat geworden ist? Bei einer solchen Liebeserklärung kommt es gar nicht darauf an, ob die Stadt schön ist, ob die Gegend nach jedermanns Geschmack ist. Es kommt vor allem auf die Menschen an, an diesem Ort, wie sie leben, wie sie arbeiten, wie sie feiern können. Dann kann man aus diesem Ort „den Rest der Welt" grüßen.

Was mir etwas wert ist, ist liebenswert. Es ist um vieles leichter, auch Schwierigkeiten zu bestehen und Probleme zu lösen, wenn die Vorliebe uns dabei hilft. Ich sehe eine Stadt, erst recht einen Menschen, selbst noch in den Fehlern, ganz anders an, wenn ich mit den Augen der Liebe sehe, also mit dem Herzen.

Exúpery hat einmal ein gutes Wort gesagt: „Nur mit dem Herzen sieht man gut." Das Herz kennt im Gegensatz zu unseren Augen keine Vorurteile, keine Besserwisserei, keine Stärke. Es kann Schwächen übersehen, es kann Fehler noch liebenswert finden.

Wir sollten künftig unsere Stadt und die Menschen in ihr auf diese besondere Weise sehen wollen: mit unserem Herzen.

Interesse

Die Clique, in der sich Thomas seit einigen Wochen herumtrieb, hatte im ganzen Viertel nicht gerade den besten Ruf. Die Leute sprachen empört von Prügeleien nach Alkoholgenuß, sogar von gemeinschaftlichen Einbrüchen, wenn der Stoff einmal ausgegangen war.
Besorgt wandte sich die Mutter von Thomas an mich. Unerwartet schnell kam es zu einem ersten, kurzen Gespräch, als er mich mit seinem schnellen Flitzer an der Straßenecke vor der Schule fast vom Fahrrad warf.
Auf meine, zugegeben recht ungeschickte Frage, warum er ausgerechnet „bei denen" mitmachen müsse und dabei selber in einen schlechten Ruf gerate, sagte er selbstbewußt und auch ein wenig trotzig: „Die sind doch gar nicht so, wie die Leute sagen!" Und: „Bei denen werde ich wenigstens noch gebraucht."

Wir brauchen, daß man uns braucht. Wer gebraucht wird, ist etwas wert, kann am Ende für einen anderen sogar liebenswert sein. Eltern geben ihren Kindern zu selten das Gefühl, gebraucht zu werden. Im Gegenteil: sie sind es geradezu gewohnt und ertragen es, daß sie von den Jungen gebraucht werden.
Ich habe einmal einen Film gesehen, der mit dem Wort endete: Gott braucht Menschen. Man müßte einen Film drehen, der allen klar macht, wie sehr sie nötig sind, wie sehr sie gebraucht werden. Ich finde es sehr schlimm, wenn Eltern, wenn Erwachsene nicht zugeben, daß sie an ihren Kindern, daß sie an den Jungen Interesse haben, daß sie sie brauchen. Das Miteinander-leben wäre für beide Seiten leichter. Immerhin: Gott hat ein Interesse an uns. Er braucht uns, dessen bin ich sicher. Und schon damit läßt sich's leben.

Jahreswechsel

„Weihnachten und Silvester, das sind die schlimmsten Tage im Jahr", meinte ein Obdachloser, der sich bei mir gelegentlich ein paar Mark abholt: „Das hältst du nur mit Alkohol aus!" Dagegen wurde für den letzten Gottesdienstes des Jahres von einem kleinen Kreis das Thema gewählt: „Liebe statt Lärm." Böller und Raketen sind nur die andere Seite der Angst; nicht selten werden sie mit Alkohol gemischt: Sie sollen die Angst vor den Neuen, dem Unbekannten nehmen. Deswegen zeigen die gutgemeinten Aufrufe „Brot statt Böller" keinen Erfolg, auch wenn sie Jahr für Jahr wiederholt werden. Man müßte den Menschen zuerst die Angst nehmen.

Die Liebe ist die einzig wirksame Waffe gegen die Angst. Ein Kind, das um eine dunkle Ecke gehen muß, fühlt sich an der Hand des Vaters völlig sicher. Wir dürfen uns von der Liebe Gottes begleitet wissen, auch und gerade beim Wechsel eines Jahres, wenn das Alte noch nicht losgelassen ist und das Unbekannte drohend auf uns zu kommt.
Wenn wir einander begleiten über die Schwelle des Neuen Jahres in Zärtlichkeit und Zuwendung legen wir Zeugnis ab von der Nähe Gottes. Dann brauchen wir keine Böller gegen die bösen Geister in uns. Doch wir dürfen mit einem Glas Sekt darauf anstoßen, daß wir „von guten Mächten wunderbar geborgen" sind. Denn „Gott ist mit uns am Abend und am Morgen, und ganz gewiß an jedem neuen Tag.

Jesus

Die Geschichte spielt kurz vor dem Zweiten Weltkrieg: Ein jüdischer Junge, der bei den Händlern in seinem Wohnquartier kein Obst mehr bekommen kann, es ist allein den Ariern vorbehalten, nimmt eine alte Strickjacke ohne den Judenstern und geht in einen nichtjüdischen Laden. Wenn er nach seinem Namen gefragt werde, soll er sagen, „de Jong", rät ihm die Mutter. Alles geht gut. Er wird freundlich bedient und die Verkäuferin wiegt ihm die ersehnten Äpfel ab. Weil er noch so klein ist, fragt sie nach seinem Namen. Doch den Familiennamen will sie gar nicht wissen. „Ich meine deinen Vornamen!" Damit hat der Blondschopf nicht gerechnet. Er weiß nicht, ob „Jopie" nur ein jüdischer Vorname ist. Aber welchen Namen soll er sagen? „Na, verrat's nur!", lächelt die Verkäuferin. „Jesus", sagt er mit heißerer Stimme...

Nicht nur die Nazis hatten ihre Schwierigkeiten mit einem „jüdischen Jesus". Auch unser Glaubensbekenntnis ist in dieser Frage „Jesus ein Jude?" gespalten. Denn jeder Gedanke an das Judentum ist auch mit der Erinnerung unserer Schuld an diesem Volk verbunden.
Vielleicht ist es gut, sich am Lichtmeßtag, „Darstellung des Herrn" heißt dieser Gedenktag seit einigen Jahren, daran zu erinnern, daß Jesus Jude war. Unsere Rückkehr zu den Quellen des Christentums ist nicht nur ein Stück harter Trauerarbeit, sondern auch die Reise in ein weitgehend unbekanntes Land.
Erinnern wir uns an den blonden Jungen „Jopie-Jesus": Der Punkt, an dem Juden am meisten mit Jesus übereinstimmen können, ist das Leid. Vielleicht ist das ein Grund, warum es im religiösen Judentum Strömungen gibt, von „Jesus als unser Bruder" zu sprechen. Damit ist eine Aussöhnung noch nicht erreicht, aber die Annäherung in Gang gesetzt.

Kälte

Im kalten Winter des letzten Jahres wurde diese Geschichte erzählt:

Die russisch-finnische Grenze wurde neu festgelegt. Ein Bauer erfuhr, daß die Grenzlinie jetzt seinen Hof teilte. Die Kommission traf sich auf dem Grundstück und ließ dem Besitzer die Wahl, ob er künftig in Rußland oder in Finnland leben wolle; entsprechend werde man die Grenzziehung berichtigen. Nach einiger Bedenkzeit ließ er wissen, daß er in Finnland leben wolle. Daraufhin fiel eine Gruppe russischer Grenzsoldaten über ihn her, um ihn unter Druck zur Meinungsänderung zu bewegen. Der Bauer antwortete: „Liebend gerne wäre ich bei Rußland geblieben, aber in meinem Alter kann ich die harten russischen Winter nicht mehr ertragen."

Kälte ist nicht nur eine Sache des Thermometers. Kälte ist vor allem eine Sache des menschlichen Klimas: bei der Begegnung mit bestimmten Menschen erschauern wir mitten im Sommer unter ihrer Kühle. Worte können so eisig sein, daß sie uns frieren lassen. Ein gutes Wort wärmt. Zudem machen gute Worte weniger Mühe und sie haben noch einen Vorteil: Sie kommen wieder zurück.

Katechismus

Neulich nahm ich wieder einmal, warum eigentlich?, den Neuen Katechismus zur Hand. Der dicke Wälzer enthält alles, was ein Katholik zu glauben hat. Unsere Bischöfe scheinen nur zufrieden zu sein, wenn sie dem Volk mit umfangreichen Werken zu Leibe rücken können: Alles ist festgelegt und entschieden.

Dabei steckt das Kleine und Zarte voller Überraschungen. Jesus spricht vom Senfkorn, wenn er vom Wachstum des geistlichen Lebens spricht. Der schwarze Senf wiegt etwa ein Tausendstel Gramm. Daraus wird eine Staude, an die drei Meter hoch. Jesus war offen für die kleinsten Zeichen des Glaubens. „Ein Funke ist genug", heißt es in einem modernen Lied, „das Feuer zu entfachen." Jesus setzte auf den Funken.

Mir scheint, die heutige Kirche will das Alles oder Nichts. Ich fürchte, sie sündigt damit nicht nur gegen das Gleichnis vom Senfkorn. Sie versündigt sich an Jesus selber, der dem Geringsten seine Aufmerksamkeit schenkte, die Kinder in seine Arme nahm, die „kleine Herde" tröstete.
Vielleicht ist die Kirche von der Leistung und der Konkurrenz unserer Gesellschaft so angesteckt, daß sie nicht mehr den Leicht-Sinn aufbringt, das Zarte, Kleine, Schwache ernst zu nehmen. Deswegen braucht sie dicke Bücher.

Killerworte

Es gibt Killerworte, die vieles oder gar alles zerstören können. Killerworte können den Mut rauben und niederdrücken; Killerworte können die Freude an einer gelungen Sache nehmen und die Hoffnung rauben.
„Ihre Predigt beleuchtete einen höchst interessanten Aspekt, den ich so noch gar nicht gesehen habe", Herr Pfarrer, „aber wie die Welt nun mal so ist..." Ein kleines „aber" versteckt sich als Killerwort in diesem aufgeblasenen Satz und entwertet alles, was gesagt wurde. Es erweist das Ganze als Lüge.

„Ich habe dich nie geliebt", schreit ein Mann seine Frau im ersten Zorn an, der bald wieder verraucht ist; aber das Killerwort „nie" gräbt sich in die Seele seiner Partnerin und verletzt sie tief. Die spätere Entschuldigung, „ich habe das doch gar nicht so gemeint", läßt die Wunde nicht so leicht heilen, wie sie geschlagen wurde. „Immer vergißt du unseren Hochzeitstag", klagt die brave Ehefrau. Schlimm genug, daß er in 30 Ehejahren schon einige Male dieses wichtiges Datum übersehen hat, aber wirklich „immer"? Da ist es besser, anstatt eine erneute Enttäuschung zu erwarten, den vergeßlichen Ehegatten rechtzeitig zu erinnern.

Aber – immer – nie. Das sind die gefährlichsten Worte für jede Begegnung. Es gibt noch einige andere Killerworte, die vor allem für die Partnerschaft gefährlich werden können. Sie gilt es miteinander aufzuspüren und aus dem Sprachschatz zu verbannen.

Kindersegen

Wie es aussieht, klingt heutzutage „Kindersegen" eher wie ein Spott, denn wie ein Glückwunsch oder gar als ein Segenszeichen durch Gott. Die meisten Paare wünschen sich zwei Kinder, ein Pärchen, einen Jungen, ein Mädchen, möglichst in dieser Reihenfolge.
Dennoch leiden auch heute viele Paare unter Kinderlosigkeit. Sie empfinden in ähnlicher Weise wie die Männer und Frauen im Alten Testament, denen es verweigert war, Eltern zu werden. Kinder bedeuten eine Art Unsterblichkeit; in ihnen geht das Leben weiter. So lange die biologischen Zusammenhänge nicht klar waren, litten vor allem die Frauen unter der Kinderlosigkeit. Nicht selten überlagerte der Gedanke der „Schuld", wenn auch unausgesprochen, das Problem. Das ist heute noch so.

Im Falle der Kinderlosigkeit denken die Paare vor allem an die Spezialisten. „Sie ahnen gar nicht, was wir alles auf uns genommen haben, nur um ein Kind zu bekommen", sagte mir eine verzweifelte Frau. Sie sah dabei ihren Mann an, der sie an der Hand hielt: „Noch einmal würden wir das nicht mehr tun." Die Gefahr ist groß, daß Menschen sich in ihrem Kinderwunsch überfordern. Auch wenn der Gedanke verharmlosend klingt: Ich denke, jene Menschen, die alles von Gott erwarteten, hatten es leichter. Weil sie mit ihm um Kinder gerungen haben, vielleicht sogar vergeblich, konnten sie ihm vertrauen und sich zufrieden geben.

Kirche

Kirche vom oben. Kirche von unten. Kleruskirche. Basiskirche. Amtskirche. Begriffe gibt es in Hülle und Fülle. Aber keiner trifft die Wirklichkeit. Kirche sind wir alle.

Im Musikhörspiel der Gruppe „Enzücklika" über Johannes XXIII. habe ich einen guten Text gefunden:

Aber dann die große Wandlung,
die ganz große Verwandlung
der Kirche.
Die große Kehrtwende:
die Großen kehrten sich um,
wandten sich um und sie sahen:
Das Volk
Gottes
von vorne.
Das wandernde Volk Gottes von vorne.
Die Kirche begann von vorne –
eine große Wandlung.

Das ist es: Laßt uns ganz von vorne beginnen, denn das Wichtigste in der Kirche ist die Wandlung. Die Wandlung fängt bei uns an.

Klage

Wenn Menschen nicht weiterwissen, wenn sie nicht mehr helfen können oder nicht helfen wollen, gebrauchen sie gerne allgemeine Redensarten, um sich aus der Schlinge herauszuziehen. Und es sind viele, auch fromme Redensarten, die wir für solche Zwecke bereit halten; die religiösen Redensarten sollen ja besonders wirkungsvoll sein. „Gott wird wissen warum", ist ein solches Wort. Als ob allgemeine Floskeln menschliche Nöte lösen, die Schmerzen eines Menschen beseitigen, seine Probleme überwinden könnten!
Gott wird wissen warum! Dieses Wort ist also mehr eine Täuschung, wo Wahrheit angemessener; mehr eine Vertröstung, wo wirkliche Hilfe nötiger gewesen wäre.

Bei einem der Nachbarn Rabbi Mosches waren mehrere Kinder schon früh gestorben. Nach dem Tod des letzten Kindes haderte die trostlose Mutter mit ihrem schlimmen Schicksal und sagte zur Frau des Rabbis: „Was ist das nur für ein Gott! Er ist grausam zu uns Menschen und nicht barmherzig, wie immer gepredigt wird!"
Die Nachbarin entgegnete: „So darfst du nicht reden! Gott wird wissen warum! Du mußt dein Schicksal geduldig tragen!" In diesem Augenblick kam der Rabbi dazu und sagte: „Und ich sage dir, du mußt es nicht tragen! Du mußt protestieren, schreien, Gerechtigkeit fordern – auch wenn es von Gott ist."

Manchmal hilft es einem Menschen mehr, mit ihm zu klagen, zu schreien, zu protestieren, als ihn zu vertrösten. Oft ist es der beste Trost, einem Menschen in seiner Trostlosigkeit und Bitterkeit stumm zur Seite zu stehen, statt zu sagen: Gott wird wissen warum.

Kleinigkeit

Im Land Irgendwo verschenkten die Menschen als Zeichen ihrer Wertschätzung und Liebe kleine Pelzstückchen. Der Beschenkte fühlte den samtweichen Fleck und freute sich darüber. Bei passender Gelegenheit schenkte er sein Pelzchen weiter. So waren die Zeichen der Liebe und der Freundschaft dauernd unterwegs und wanderten von Haus zu Haus.
Eines Tages kam ein Fremder nach Irgendwo und erfuhr von dem seltsamen Brauch: „So ein Pelzstück ist ein Wertgegenstand", belehrte er die Leute. „Je mehr Pelzchen einer hat, um so reicher ist er". Von da an wurden kaum noch Pelzchen verschenkt. Die Leute sammelten die Pelzchen, die deswegen knapp und teuer wurden. Für besondere Leistungen gab es Pelzchen vom Staatspräsidenten. Bald half man dem Nachbarn nicht mehr wie selbstverständlich, sondern nur noch gegen Pelzwährung.
Es war traurig geworden in Irgendwo. Eifersüchtig wachten die Leute über die Pelzchen und schon wurden erste Einbrüche bekannt, man ging sich mißtrauisch aus dem Weg...

Viele Jahre waren inzwischen vergangen, da erinnerte sich ein weiser Mensch an frühere Zeiten. Damals waren die Leute aufeinander zugegangen, sie hatten miteinander geplaudert und gescherzt. So rief er alle seine Bekannten zusammen und sagte: „Freunde, wir haben uns täuschen lassen. Der Wert liegt nicht in den Pelzchen, er liegt im Schenken!" Sprach's und verteilte alle seine Pelzstücke unter sie.
So eine fröhliche Gesellschaft hatte man schon lange nicht mehr in Irgendwo gesehen, weil alle mit dem Schenken weitermachten. Seither sind die Leute dort wieder glücklich und zufrieden. Warum machen wir es ihnen nicht nach?

Klima

Ein Manager klagte seinem Hausarzt, daß er seit einiger Zeit nicht mehr zur Ruhe komme; es treibe ihn um und er fange viele Sachen gleichzeitig an. Das Schlimmste aber sei, die Arbeit mache ihm keinen Spaß mehr. Der Arzt verschrieb ein Medikament und forderte den Patienten auf, nach vier Wochen wieder zu kommen. Beim nächsten Besuch fragte der Arzt nach dem Befinden. „Noch immer das Gleiche", klagte der Manager: „Aber meine Mitarbeiter sind entspannter und gelassener geworden!"

Unsere Großeltern wußten: „Wie es in den Wald hinein schallt, schallt es wieder heraus." Sie wollten damit sagen, daß das Klima in der Familie oder in einem Betrieb erst einmal von uns selber gemacht wird: Ein fröhlicher Gruß weckt in der Regel eine freundliche Antwort; eine bereitwillige Auskunft schafft guten Willen.

Natürlich gibt es keine Regel ohne Ausnahme. „Es kann der Frömmste nicht in Frieden leben, wenn es dem bösen Nachbarn nicht gefällt." Auch diese Weisheit stammt von unseren Großeltern. Aber wenn wir nicht die Ursache oder der Anlaß des Bösen sind, können wir viel gelassener damit umgehen. Wir können, nach einiger Übung, das Böse um uns loslassen, auslaufen lassen. Dazu brauchen wir dann nicht einmal ein Medikament.

Kompromiß

Fast täglich hören wir in den Nachrichten, daß zwischen dieser und jener Partei ein Kompromiß geschlossen worden sei. Manchmal argwöhnt in der gleichen Sendung ein Kommentator, daß das ein fauler Kompromiß gewesen sein könnte. Kompromiß heißt eigentlich Vereinbarung. Die Frage ist nur, ob wir immer alles mit unserem Gewissen vereinbaren können, was in einem Kompromiß zustande kommt, besonders wenn es um schwächere Partner geht.

Das bekannteste Beispiel für die Kompromißlosigkeit Jesu in bestimmten Fällen ist die Tempelreinigung Er geißelt buchstäblich die geschäftstüchtigen Vereinbarungen zum Tempel hinaus (vgl Mk 11,15 ff). Es gibt ganz einfach Situationen, wo wir weder auf Kosten von Menschen und der Gerechtigkeit, noch auf Kosten unserer Überzeugung zu einer Übereinkunft kommen können. Unmenschliche und ungerechte Situationen können durch einen Kompromiß nicht aus der Welt geschafft werden. Vielleicht erschrecken wir darüber, daß sich in uns Wut und Zorn breit machen, wenn wir ein Unrecht nicht ausgleichen, wenn wir eine Unmenschlichkeit nicht verhindern können. Aber ein Zorn, der nicht auf Haß und Feindschaft begründet ist, sondern auf wahrem Mitleiden, ist kein Versagen, sondern ein mächtiger Antrieb zur Verbesserung. Deswegen können in unserer Zeit Zorn und Empörung redliche Haltungen sein, also Tugenden, die solange nicht Ruhe geben, bis den Menschen geholfen ist.
Nach der Tempelreinigung fürchteten die Schriftgelehrten Jesus, „weil alle Leute von ihm beeindruckt waren" (Mk 11,18) und sie fürchteten die ansteckende Wirkung seiner Kompromißlosigkeit, wenn es um Gott und die Menschen ging. Heute wie damals brauchen wir um Gottes- und der Menschenwillen einen gerechten Zorn gegen faule Kompromisse jeder Art.

Konfession

Eigentlich heißt Konfession „Bekenntnis". Wenn wir nach unserer Konfession gefragt werden, werden wir nach unserem Bekenntnis gefragt. Aber wir antworten erstaunlicherweise nicht: „Ich bin Christ!" Der eine antwortet: „Ich bin evangelisch." Der nächste: „Ich bin römisch-katholisch." Ein dritter: „Ich bin reformiert."

Die Frage nach der Konfession ist die Frage nach der Trennung. Ein Kollege rief mich an und fragte mich, es war etwas Empörtes in seiner Stimme, was ich gegen „römisch-katholisch" hätte. In der Tat hatte ich mich bei einer Wallfahrtsansprache dagegen gewehrt, in einer Schublade abgelegt zu sein, auf der „römisch" steht. Für mich klingt das nach Sekte. Katholische Kirche, das ist aber viel mehr, als ein einengender, fast sektiererischer Zusatz ausdrücken kann. Die Kirche umfaßt letztlich alle Menschen, die auf der Suche nach Gott und auf dem Weg zu Gott sind. Hatte uns Jesus nicht aufgetragen: „Geht, und macht alle Völker zu meinen Jüngern..."?

Ein wichtiger Schritt zur Einheit in der bunten Vielfalt, wie Gott sie liebt, wäre getan, wenn wir uns künftig nur noch Christen nennen wollten.

Konsequenzen

„Die Konsequenzen müssen allerdings sie tragen!" Was sich aufs erste so großzügig anhört, ist in Wirklichkeit eine glatte Zurückweisung, ein Abschub in die Einbahnstraße. Da reden wir von Freiheit, da mischen wir uns nicht ein, weder so noch so, da lassen wir jedem seinen Willen. Aber wehe, wenn die Entscheidung dann anders auffällt als wir insgeheim möchten. Dann ziehen wir uns schnell zurück und sagen: Natürlich müssen sie jetzt auch die entsprechenden Konsequenzen tragen!

Die Bibel sieht das anders. Paulus schreibt an die Galater: „Einer trage des andern Last; so werdet ihr das Gesetz Christi erfüllen" (6,2). Das ist die Aufforderung zu einer christlichen Solidarität, die nicht lange nachfragt und berechnet, sondern sieht und handelt.
Christliche Solidarität unterdrückt nicht, noch läßt sie jemanden allein. Um der Würde und des Wertes eines Menschen willen, ist sie auch dann noch bereit, die Last mitzutragen und den Weg mitzugehen, wenn die Entscheidung nicht unbedingt auf ihrer Linie liegt.

Das Lastentragen und das Miteinander-Gehen verbindet auf eine neue Weise und schafft neue Umgangsformen Es geht nämlich weniger um das Rechthaben oder das Recht bekommen, sondern um die Entwicklung des anderen, die auch unsere Weiterentwicklung bedeutet. Wer dem anderen beisteht, weil der gerade der Nächste ist, wird selber offener und freier, weil er einmal seine eigene Spur verlassen und, wenigstens eine Zeitlang, in der Spur des anderen gehen kann. Er kann neue Erfahrungen sammeln und kommt zu anderen Konsequenzen. Ein altes indianisches Wort ist ganz auf dieser Linie. Es sagt: „Urteile über einen Menschen erst, wenn du ein Pfund Salz mit ihm gegessen hast oder ein Jahr in seinen Schuhen gegangen bist."

Kontemplation

Auch wenn die Zeit des Priesterseminars schon weit über 30 Jahre hinter mir liegt, an zwei Dinge erinnere ich mich höchst ungern: Das eine war die wöchentliche Beichte, die zwar nicht zwingend vorgeschrieben war, aber auf dem langen Weg zur Priesterweihe als ziemlich unerläßlich angesehen wurde. Das andere jene halbe Stunde „Betrachtung", die nach dem Morgengebet und vor dem Gottesdienst zu absolvieren war. Beides war zum Abgewöhnen.

Deswegen hat es sehr lange gedauert, bis ich einen Zugang zur Kontemplation fand. Irgendwo hatte ich in den Anweisungen eines Meisters gelesen, man solle die Dinge so ansehen wie sie sind. Das bedeutet letztlich: Sie mit anderen Augen ansehen. Weil alle Menschen, weil die Bäume, der Sonnenaufgang, der Regen, das Eichhörnchen und die Ringelblume Zeichen sind, bringen sie ein Staunen hervor über die Vielfalt, die Gott für uns entwickelt.

Die Blume bleibt eine Blume; der Mensch, der mit mir Gottesdienst feiert, bleibt meine Aufgabe; mein Leben läuft nicht anders als vorher. Und doch ist es anders. Alles bekommt durch das Staunen einen Sinn: Die Blume kann nur ich so sehen. Die Regennässe in meinem Gesicht hat einen ganz besonderen Geschmack. Der Sonnenuntergang ist nur für mich gemacht. Wunder über Wunder. Seither geht mir vieles, alles leichter von der Hand.

Krankheit

„Hauptsache gesund!" Das ist ein gängiges Wort, das in der Begegnung mit einem anderen Menschen gerne ausgetauscht wird. Diese Hauptsache hat die moderne Medizin zu eindrucksvollen Fortschritten gezwungen. Zur Zeit Jesu betrug die mittlere Lebenserwartung knapp 30 Jahre, zu Lebzeiten Goethes waren es nur wenige Jahre mehr. Heute können wir von einer Verdoppelung ausgehen. Männer werden im Schnitt 70, Frauen gar 77 Jahre alt. War es ein Scherzbold, der unlängst festgestellt hat: „Die größte Lebenserwartung in Bayern hat die evangelische Pfarrerswitwe"?

Dennoch haben wir unentwegt mit kranken Menschen zu tun, die, sagen wir es ganz offen, zu einer immer größeren Belastung werden. Die Solidargemeinschaft, die sich in der Krankenversicherung und in der Pflegeversicherung ausdrückt, ist in großer Gefahr. Mehr und mehr betreibt die gesellschaftliche Stimmung, durch die Politik gefördert, eine Isolierung der Kranken und Schwachen; vor allem der alten Menschen, der Behinderten oder der HIV-Infizierten: Einmal ist das Sozialamt zuständig, dann die Caritas, schließlich die Krankenhäuser. Die persönliche Verantwortung wird durch Beiträge, Kirchensteuern und Spenden abgedeckt. Die „Hauptsache" wird durch Geld geregelt und nicht mehr durch Zuwendung und Mitmenschlichkeit.

Kreuz

Das umstrittene Kruzifixurteil hat nicht nur in Bayern ein Nachdenken über das Zeichen des Kreuzes ausgelöst. Dabei geht es nicht nur um die Kruzifixe. Es geht vor allem um die Kreuze, die der Mensch zu tragen hat. Das Kreuztragen war in jenen Zeiten eine Selbstverständlichkeit, da eine einfache Hautverletzung den Tode bedeuten konnte, viele Kinder nicht das zehnte Lebensjahr erreichten oder Mütter bei der Geburt eines Kindes starben. Naturkatastrophen, Stadtverderben, Pest und Hunger kamen dazu.

Die Kreuze haben heute andere Namen: Krebs, Aids, Strahlung, Waldsterben. Aber das „Kreuztragen" ist außer Mode gekommen. Zum Kreuztragen gehört die Einsicht, das Einer hinter dem Leid und Elend des Menschen steht und alledem einen Sinn geben kann. Stattdessen versichern wir uns; gegen alles und jedes. Nach der Wende hatten die Versicherer leichtes Spiel, den Menschen jenseits des zerbrochenen Eisernen Vorhangs Verträge aufzuschwätzen: Man wollte nach langen Entbehrungen endlich auf der Seite der Erfolgreichen und Abgesicherten stehen. Man mußte auf Nummer Sicher gehen.

Weil die Kreuze nicht getragen und damit geteilt werden, werden sie immer größer; sie wachsen buchstäblich in den Himmel. Vielleicht müssen wir erst wieder gezwungen werden, wie Simon von Cyrene, ein Kreuz auf uns zu nehmen.

Leben

„Man lebt nur einmal!" Mit einem solchen Wort wollen wir uns und anderen erklären, warum wir so leben und nicht anders. Wir gebrauchen es auch, oder sollten wir besser sagen: wir mißbrauchen es, als eine Entschuldigung für etwas in unserer Lebensführung, das eigentlich nicht zu uns und unseren Zielen paßt: Wie wir unsere Arbeit sehen; wie wir mit dem Partner umgehen; wie wir zum einmal gegebenen Wort stehen.

„Man lebt nur einmal!" Üblicherweise ist damit jener kurze Augenblick gemeint, den wir gerade genießen: Die lustige Gesellschaft, in die wir geraten sind; der Flirt, der sich so verheißungsvoll angelassen hat; das günstige Geschäft, das sich uns, wenn auch ein wenig neben der Legalität, anbietet… Aber mit „leben" kann ja nicht der Augenblick gemeint sein; auch nicht die Summe vieler Augenblicke. Wer nur einmal lebt, muß das Ganze im Blick haben. Und das Ganze ist weit mehr als eine Sammlung von geglückten und verpaßten Gelegenheiten.

Jesus sprach von einem „Leben in Fülle", das er für alle Menschen bringen wollte. Und für ein solides Leben, meint das Evangelium, rentiert es sich, entweder alles einzusetzen oder alles zu verlassen, je nachdem.
Erfülltes Leben ist deswegen jene Lebenszeit, die wir vor uns und vor Gott verantworten können. Dabei ist es gar nicht so wichtig, ob uns dieses Leben mehr Leid als Freude gebracht hat, mehr Anstrengung als Glück, mehr Hoffnung und Warten als Erfüllung und Vorwärtskommen: Deswegen ist ein geglücktes, ist Leben für alle möglich.
Also zum Beispiel: Ja sagen zu dem, was der Tag morgen bringt, um mit dem ganzen Leben dabei zu sein. Denn wir leben wirklich nur einmal.

Lebenslicht

„Das Leben ist kein Kerzenstummel", hat George Bernard Shaw einmal gesagt. Ein Mann, der es wissen mußte. Shaw ließ sich nicht auf das Jenseits vertrösten. Er wollte, daß sein Leben schon in dieser Welt wie ein wundervoller Leuchter sei. Ich weiß nicht, ob dem Theatermann und Satiriker das immer gelungen ist, aber ich erinnere mich an Jesus von Nazaret, der uns ein „Leben in Fülle" wünschte.

Leben in Fülle, Leben im Licht, das sind für mich andere Worte für ein intensives Leben, wie ich es mir wünsche. Intensiv, eindringlich leben, das umfaßt alles: nicht nur die Biergarten-Stunden, die Urlaubstage, die kleinen und großen Freuden. Intensiv leben heißt auch – einmal Schmerzen ertragen, Enttäuschungen mit Gelassenheit hinnehmen können, eine Unglücksserie zu überstehen, ohne darüber dunkel und traurig zu werden. Ein Kerzenstummel ist schnell abgebrannt, doch unser Lebensleuchter hält noch viele Lichter bereit, die angezündet werden können.

Shaws Bild vom Kerzenstummel und vom Leuchter hat mich gedanklich zum Lebenslicht gebracht, das mir geschenkt ist. Dieses Licht brennt nicht nur für mich. Schon dieser Gedanke gibt mir Mut, nicht aufzugeben, wenn ich mich mal wie abgebrannt fühle.

Lebensstil

Es ist sonderbar: Die Armen der Welt beneiden die Reichen um ihren aufwendigen Lebensstil: Luxusvilla, Fernsehen, üppiges Essen, Weltreisen. Manche Reiche beneiden die Armen um ihre besondere Lebensqualität. Was die einen sich in schlaflosen, weil hungrigen Nächten ersehnen, suchen die anderen in Kursen oder im „Kloster auf Zeit" loszulassen.

Beide träumen den Traum vom wahren Leben und können ihn sich nicht erfüllen. Für die Armen gehen mit den großen Wünschen die kleinen Werte verloren. Die Reichen sind an das gekettet, was sie haben, sei es verdient oder durch Korruption und Betrug zugefallen. Nicht alles Glück hat eine redliche Basis.

Dazwischen liegt der alternative Lebensstil. Den gilt es im Namen Jesu und um der Menschlichkeit willen zu verkünden. Die Kirche darf nicht müde werden, einen solchen Lebensstil zu verkünden; sie darf nicht zu schwach sein, diesen Lebensstil vorzuleben: Die Dinge der Welt zu genießen, ohne süchtig zu werden; die Güter der Erde zu besitzen, ohne von ihnen besessen zu sein; die Schätze des Lebens zu gebrauchen, ohne durch ihren Mißbrauch von einer Schuld in die andere zu taumeln,

Leib

Vom Buddha gibt es eine Darstellung, die ihn als abgemagerten Asketen zeigt, an dem nur noch Haut und Knochen sind. Später bekannte der Erleuchtete, das sei der falsche Weg gewesen. Franz von Assisi sagte am Ende seines Lebens, wenn er noch einmal etwas anders machen dürfe, dann dieses, daß er seinen Leib etwas besser behandeln würde. Die heilige Theresia von Avila hat den Goldenen Mittelweg für ihr Leben gleich gefunden, wenn sie sagt: „Wenn Fasten, dann Fasten; wenn Rebhuhn, dann Rebhuhn."

Die wahrhaft Großen unserer Welt sind zur Erkenntnis gekommen, daß jeder Fanatismus und jede Einseitigkeit von Übel ist. Der Leib des Menschen ist Gottes Gabe; wie ein Geschenk sollte er von uns behandelt und umsorgt werden. Wie ein Gottesgeschenk, aber nicht wie ein Gott. Wir wissen von Jesus, daß nur eines wichtig ist, aber unser Leib gehört dazu. Für Jesus war das Leben in der Gemeinschaft der Menschen so selbstverständlich, daß böse Mäuler ihn als „Fresser und Säufer" bezeichneten. Weil der Mensch Leib ist, gab ihm Jesus, was er brauchte.

Der Leib ist zudem unser Erkennungszeichen. Wie sehr wir im Einklang mit unserem Leib leben, ist nicht nur entscheidend für unsere Gesundheit, sondern auch für unser Zusammenleben. Unser Ziel ist die Harmonie des ganzen Menschen mit allen Menschen.

Leichtsinn

Ein Pfarrer wurde im Religionsunterricht gefragt, warum Engel eigentlich fliegen können? Von der Schülerfrage völlig überrascht, antwortete er ganz spontan: „Weil sie sich leicht nehmen."
Am Abend dachte er noch einmal über seine Antwort nach und stellte in einer Art Gewissenserforschung beunruhigt fest, wie schwer er das Leben sich selber und gelegentlich auch anderen gemacht hatte: Er hatte alles so ernst und so wichtig genommen; er hatte keine Ausnahmen akzeptiert; er hatte die Fünf nicht auch einmal gerade sein lassen können. Vor lauter Gerechtigkeitsempfinden, Verantwortungsgefühl und Sorgen hatte er jenen leichten Sinn verloren, der aus vielen Seiten des Evangeliums aufsteigt. Zum Beispiel, wenn Jesus sagt: „Sorgt euch nicht um morgen. Jeder Tag hat genug an eigner Plage!"

„Giovanni, Hänschen, nimm dich nicht selbst zu wichtig", sagte einmal ein Papst zu sich selber, es war Johannes XXIII. Er hatte erkannt, wer sich zu wichtig nimmt, macht alles bedeutsam und schwer. So ein gewichtiger Mensch kann nicht fliegen und sich nicht wenigstens gelegentlich wie ein Engel über die Widrigkeiten des Lebens erheben. Deswegen bewahrte sich der Roncalli-Papst bis ins hohe Alter einen leichten Sinn.

Liebe

Ein Familienvater kam am Abend nach Hause und erwartete von seiner kleinen Tochter einen Kuß zur Begrüßung. Doch die weigerte sich. Da sagte die Mutter zu dem Mädchen: „Schäme dich! Dein Vater arbeitet den ganzen Tag, um für uns das nötige Geld nach Hause zu bringen. Also, wo bleibt der Kuß! Die Kleine antwortete: „Und wo bleibt das Geld?"

Liebe und Geld, das paßt nicht zusammen. Und doch kaufen sich nicht wenige die Liebe. Ich denke jetzt gar nicht an die käufliche Liebe, sondern an die weit verbreitete Erwartung sich Liebe gegen Liebe eintauschen zu können. Ein Kind beantwortet die Liebe der Eltern, wahre Liebe ist das nicht. Es ist eine Vorform, ein Lernen der Liebe. Wer die Liebe nie erfahren hat, tut sich schwer mit der Liebe.

Liebe als Reaktion ist nicht die wahre Liebe, sie ist ein Echo, das lange tragen kann. Gilt es aber zu ertragen, dann ist eine Liebe gefragt, die sich auf der Freiheit gründet. Selbstverständlich gibt es in jeder guten Partnerschaft den Austausch der Liebe. Aber daraus muß etwas erwachsen, was mehr ist als „Wie du mir, so ich dir!". Nur wenn die Liebe die Grundeinstellung des Lebens ist, hält sie Mißerfolgen und Verletzungen stand. Erst dann können wir auch zulassen, daß uns die Liebe eines anderen verzaubert und verwandelt.

Liebesbeziehung

„Seit meine Beziehung in die Brüche gegangen ist, weiß ich gar nicht, wozu ich eigentlich noch lebe!"
So klagte der junge Mann: „Dabei hatte ich mir die Zukunft so schön vorgestellt."

Wir Menschen leben aus Beziehungen. Es ist wichtig, lebenswichtig für uns und für den Sinn unseres Lebens, nicht einsam, allein, isoliert zu sein. Deswegen investieren wir viel Zeit und Kraft in unsere Beziehungen. Durch Begriffe wie Gemeinschaft, Freundschaft, Partnerschaft, Ehe drücken wir aus, daß wir in unsere Beziehungen Verantwortung, Verbindlichkeit, aber auch Treue und Geborgenheit mit einschließen.

Offensichtlich kommt selbst Gott ohne Beziehungen nicht aus. Deswegen sprechen Christen von Gott, dem Vater, dem Sohn und dem Geist. Und die Erfahrungen der Menschen, die mit Jesus Christus Gott begegnet sind, faßt das Neue Testament in der knappen Aussage zusammen: Gott ist Liebe. Die Liebe verlangt Leben oder sie ist tot. Das Schöne an der Liebesbeziehung ist, daß sie nicht Halt macht vor Unbekanntem und Schwierigem; daß sie phantasievoll nach Wegen sucht, um immer enger zusammenzuführen und zu binden. Das bedeutet aber auch, daß unsere Beziehungen genährt werden müssen. Wenn wir uns nicht durch die Liebe ganz und gar, mit Haut und Haaren, in eine Gemeinschaft einbringen, dann dürfen wir uns nicht wundern, wenn sie zerbricht.

Lösung

„Sie müssen mir doch recht geben, daß das so die richtige Lösung ist!"
Ich wurde ungewollt in eine Auseinandersetzung hineingezogen: Deshalb fragte ich spontan zurück: „Sind damit auch alle ‚erlöst'?"
Ich blickte in erstaunte, verständnislose Gesichter, die mir sagten: „So merkwürdig kann nur ein Pfarrer fragen!"

Aber ist es nicht so, daß ein Problem nur dann erledigt ist, daß ein Streit nur dann wirklich gelöst ist, wenn die Beteiligten als Erlöste herauskommen?
Eine Lösung darf keine Sieger oder Verlierer kennen; es darf kein Restchen Unbehagen oder eine Portion Zorn übrig bleiben. Es muß sich alles aufgelöst haben, was sich zusammengeballt hatte.
Das Zeichen der Erlösung ist die offene Hand. Es ist beeindruckend, wie im großartigen Bild von Michelangelo in der Sixtinischen Kapelle Gott dem Adam die Hand entgegenstreckt und ihn aus der Todesstarre zum Leben erlöst.
Wer zur Lösung eines Problems beiträgt, sorgt für einen neuen Anfang, läßt andere wieder leben, und macht sie „wie neugeboren".

Lüge

Ein hoher Beamter der amerikanischen Regierung erklärte: „In der Politik ist die Lüge keine Lüge, sondern ein politisches Mittel."
„Lüge, das ist die Unwahrheit zum richtigen Zeitpunkt", hieß es bei uns im Fernsehen. Entsprechend dauert es lange, bis im Tagesgeschäft die Wahrheit scheibchenweise bekannt wird. Nicht nur bei den Politikern steht am Anfang jeder Lüge erst einmal ein Dementi. Auch in der Kirche ist die ganze Wahrheit nicht gefragt. Hier wird allerdings lieber durch Verschweigen als durch Behaupten gelogen; eine Form der Unwahrheit, die einer als „intellektuelle Unredlichkeit" bezeichnet hat.

Da ist es kein Wunder, wenn auch die einfachen Menschen sich durchs Leben mogeln. Hier sind vor allem die Notlügen gefragt, wobei der Notfall sehr schwammig gefaßt ist. Der Notfall kann mit der Ausrede „Ich habe keine Zeit" beginnen, über „Ich würde ja so gerne helfen, wenn nicht…" zur barmherzigen Lüge am Krankenbett führen: „Es wird schon wieder!" In jedem Fall legt sich ein dunkler Schatten über die Beziehungen.

Deshalb hat Jesus sehr eindeutig gemahnt: „Eure Rede sei ein Ja oder ein Nein. Alles andere ist vom Bösen." Jedes offene und ehrliche Wort bringt ein wenig Licht in unsere Gesellschaft.

Märchen

Geschichten und Märchen öffnen das Tor zu einer anderen Welt. So ähnlich hat es einmal der Märchenerzähler Clemens von Brentano ausgedrückt, und der mußte es ja wissen. Es ist nicht nur für Kinder, es ist auch für Erwachsene sehr schön, wenn sich ihnen zwischen Tag und Traum eine andere Welt auftun kann. In den Märchen ist der Zauber vergangener Zeiten verborgen.

Schon deswegen sollten wir uns wieder Geschichten und Märchen erzählen; so einfach zum Zuhören, damit wir entlastet werden und uns diese Welt nicht zu sehr belastet. Wenn ich darüber nachdenke, wieviel früher erzählt wurde, fällt mir auf: In unseren Breiten kommt Gott in den Märchen und Geschichten kaum vor. Dagegen spielt er in den Sagen und Legenden anderer Religionen eine besondere Rolle. In den Märchen einfacher Menschen ist Gott wichtig.

Vielleicht scheuen wir uns, Gott zum Gegenstand eines Märchens zu machen. Aber ist es nicht so, daß Märchen immer gut ausgehen? Unsere Sache mit Gott könnte gut ausgehen, wir müßten uns nur auf Geschichten mit ihm einlassen.

Man

Manchmal hat es den Eindruck, als würden wir unser Leben von drei kleingeschriebenen Buchstaben bestimmen lassen; die drei bilden zusammen das Wörtchen „man". Für viele ist dieses kleine Wort ein großer Diktator geworden: Man tut das nicht! Man sagt das nicht! Man fragt das nicht!
Ich habe noch nicht herausbekommen, wer oder was dieses „man" überhaupt ist. Es ist einfach da; es kann in jeden Menschen hineinschlüpfen, in dich und in mich, und kommt dann als beherrschende Kraft wieder heraus: Man beteiligt sich am Büroklatsch; man hat keine Lust diese Aufgabe zu übernehmen; man macht das, was alle machen…

Von Jesus ist uns kein einziges „man" überliefert. Er spricht klar, unmittelbar, unzweideutig. Er sagt ganz einfach ich. „Ich aber sage euch…" (Joh 4,35 b) – „Wenn ich die Wahrheit sage, warum glaubt ihr mir nicht?" (Joh 6,48) – „Ich bin am Werk" (Joh 4,17) – „Ich habe erkannt…" (Joh 5,42).
Weil Jesus seiner sicher ist, weil er zu sich selber steht, sagt er auch mit der größten Unbefangenheit „ich". Das blasse, unverbindliche „man" zeigt dagegen, daß es dem Benutzer an Selbstvertrauen fehlt. „Man" versteckt sich mit dem „man" vor anderen und vor sich selber. Am Ende sind wir soweit, daß wir uns fragen müssen: Wer bin ich schon? Oder uns sagen: Auf mich kommt es nicht an. Das „man" hat uns alle krank gemacht.

Gegen diese Krankheit gibt es ein wirksames Rezept: Wir kontrollieren morgen unser Reden und ersetzen jedes „man", das uns auf die Lippen kommen will, sofort durch ein eindeutiges „ich". Dann bleibt zwar manches auch ungesagt, aber mit jedem „ich" steigt unser Wert vor uns selber, vor den Menschen und vor Gott. Denn Gott, der zu uns Du gesagt hat, liebt es, wenn wir uns nicht verstecken.

Mediation

„Mediation" – das ist kein Druckfehler. Es ist eine Methode, Konflikte ohne Rechtsanwälte oder Gerichte zu lösen. Vom Wort her geht es nicht um Kompromisse, die so oft außergerichtliche Vereinbarungen bestimmen; es geht um Vermittlung. Das Ziel der Vermittlung durch einen unparteiischen Begleiter ist die Lösung eines Konfliktes; deswegen wird so lange gerungen, bis die Lösung von den Konfliktparteien unterschrieben werden kann.

Der Erfolg der Mediation ist überraschend, weil zum einen ein Unterschied zwischen Personen und Problemen gemacht wird, zum anderen akzeptiert wird, daß es für die Betroffenen jedenfalls nicht nur eine Wahrheit gibt. Drittens geht es vor allem um die Zukunft. Deswegen müssen alle gehört werden, um deren Zukunft es geht, auch die Kinder. Gerade in Scheidungsangelegenheiten werden die Kinder oft vergessen, oder sie werden zum Kampfmittel, zum Faustpfand gemacht.

Aus der Mediation geht keiner der Beteiligten als Sieger hervor. Damit werden alte Wunden nicht aufgerissen; sie können heilen. Wieder einmal mehr wird ein biblischer Rat zur Konfliktlösung bestätigt: „Wenn dir einfällt, daß dein Bruder etwas gegen dich hat, laß deine Gabe vor dem Altar liegen, geh und versöhne dich zuerst mit deinem Bruder" (Mt 5,23). Auch auf die Gefahr hin, daß an einigen Sonntagen unsere Kirchen leer wären.

Midlife-crisis

Bei einer Veranstaltung unserer Gemeinde war der Klang einer Harfe zu hören. Der Meister an diesem alten Musikinstrument versetzte mich in eine ausgeglichene Stimmung. Während die Töne durch den Kirchenraum wanderten, mal verhalten, mal kräftig, entstand vor meinen Augen ein Bild, das mir seit meinen Kinderjahren vertraut war, das ich früher aber nie so recht verstanden habe. Ich sah den jungen David wie er vor dem schwermütigen König Saul spielte.

Die Symptome des Königs würden wir heute mit Midlife-crisis, mit der Krise der mittleren Lebensjahre beschreiben: Depressionen, Lustlosigkeit, das Gefühl versagt zu haben oder nichts mehr wert zu sein, allgemeine Antriebsschwäche, Freudlosigkeit. Wir erleiden diese Krankheit sehr oft: Eine Mutter, die sich nicht mehr um ihre Kinder kümmern kann; ein Mann, der mit unerklärlichen Krankheitszeichen von einem Arzt zum andern geht; ein Mensch, der die Hand auf die Brust legt und sagt: „Hier ist alles wie tot."

In diese Gedanken hinein höre ich wieder die Tiroler Harfe, gespielt von Michael Pfluger. Damals, in der Geschichte des Alten Testaments, fand Saul wieder sein inneres Gleichgewicht. Er wurde ruhig und gelassen. Und immer, wenn die Depressionen zurückkamen, war auch David mit seiner Harfe da. Ich dachte mir, die Zuhörer waren bereits aufgestanden, um dem Meister auf der Harfe Beifall zu spenden, viele hätten in unserer Zeit einen David bitter nötig. Findet sich denn keiner, der Lieder gegen die Traurigkeit spielen kann?

Mißgeschick

„Ausgerechnet mir muß das passieren!" Natürlich hätte dieses Mißgeschick, um solches geht es meistens bei diesem Wort, auch jedem anderen passieren können. Aber dann hätte es mich vermutlich nicht gestört. Ich hätte es kaum zur Kenntnis genommen. Da es nun ausgerechnet mir zugestoßen ist, bei der unwahrscheinlichen Möglichkeit von 1:11 Millionen hierzulande, regt es mich auf, bringt es mich aus dem Gleichgewicht. Warum muß das ausgerechnet mir passieren? Wer hätte so noch nicht gefragt?

Wenn solche Gedanken kommen, sollte ich vielleicht erst einmal ein wenig weiterdenken, an meinen Partner, an den Arbeitskollegen, an die alte Frau in der Wohnung über mir: ob der oder die das Mißgeschick genauso tragen und ertragen könnten wie ich?
„Was mich nicht umwirft, macht mich stärker", hat es früher einmal geheißen. Es scheint also auch so etwas wie ein Training von unangenehmen oder schwierigen Dingen zu geben. Warum soll es nicht so sein, daß ausgerechnet ich das schaffen und leisten kann, was mir da zugemutet oder aufgelastet wurde?
Wenn ich mein Schicksal, also das, was ausgerechnet mir geschickt wurde, nur mit leichterer Hand annehmen könnte! Mit einer gewissen Fröhlichkeit über diese Art der „Auserwählung" wäre es bestimmt leichter zu tragen. Für diese Fröhlichkeit ist allerdings ein Glaube Voraussetzung, der einen Sinn hinter allem sieht, was da geschickt wird. Ein Glaube, der darauf vertrauen kann, daß kein „Spatz ohne den Willen Gottes vom Dach fällt und daß sogar die Haare auf dem Kopf gezählt sind" (vgl. Lk 12,7).

Möglichkeit

Während die Alten noch nach einem Wort der Bibel behaupten konnten, „bei Gott ist kein Ding unmöglich" (Lk 1,37), hat der moderne Mensch dieses Wort längst für sich beansprucht. Was der Mensch machen kann, das macht er auch, ohne Rücksicht auf die Folgen, ohne Rücksicht auf seine Zukunft. Noch nie haben Menschen so sehr auf Kosten der kommenden Generation gelebt wie heute.
Wir haben noch nicht begriffen, daß die Verkehrung des Wortes „Bei Gott ist kein Ding unmöglich" auf den Menschen nicht dem Fortschritt dient, sondern gegen den Menschen, sogar gegen die ganze Menschheit gerichtet ist. Was wir tun oder lassen, darf nicht eine Frage sein „machbar oder nicht?" Es muß endlich ernsthaft gefragt werden „erlaubt oder nicht?" Vom fähigsten Wissenschaftler bis zum einfachen Arbeiter müssen wir überprüfen, ob wir wirklich alles tun dürfen, was wir können?
Nicht wenige, vor allem junge Leute, verzweifeln angesichts der Unfähigkeit des Menschen, sich zu besinnen und sich zu ändern. Sie steigen aus unserer Gesellschaft aus, weil sie so nicht, weil sie anders, weil sie alternativ leben wollen. Natürlich halten sie damit den drohenden Untergang nicht auf, aber sie geben immerhin ein Zeichen...

Wo ist da noch Hoffnung? Sicher dort, wo der Mensch anfängt, nachzudenken und sich zurückzunehmen; sich wieder unter Gott zu stellen und nicht an seine Stelle. Und das wieder heißt, zu lernen, auf Gott zu vertrauen; den machen zu lassen, dem wirklich nichts unmöglich ist. Oder andersherum: So handeln, als käme alles auf uns Menschen an und so leben, als hinge alles von Gott ab.

Mumien

Im Vatikan gibt es Mumien. Das ist weder ein Scherz noch ein Spott: In den Museen des Vatikan gibt es tatsächlich Mumien zu besichtigen, wie im Nationalmuseum von Kairo oder im Louvre von Paris. Diese Mumien, einbalsamierte Leichen, haben sich im großen und ganzen über die Jahrtausende recht gut erhalten. Aber sie sind tot.

Der Versuch, Jesus zu mumifizieren, wurde öfters gemacht: Zunächst von den Frauen, die am Ostermorgen zu seinem Grab gingen. Sie wollten ihn festhalten, in guter Erinnerung behalten. Dann hat auch die Kirche gelegentlich versucht, ihn zu einer Mumie zu machen, das heißt, ihn ohne Fleisch und Blut, vor allem ohne Herz der Nachwelt zu überliefern. Aber dieser Jesus lebt. Er ist von den Toten auferstanden. Deswegen läßt er sich von niemand festhalten; er ist für uns alle lebendig geworden.
Manchmal haben wir in unserem Leben selbst schon Auferstehung gefeiert: wenn wir eine Krankheit oder einen schweren Unfall überwunden hatten; wenn der Partner zu uns zurückgekehrt ist; wenn wir nach einer beruflichen Enttäuschung neu anfangen konnten.
Auferstehung geschieht nie im luftleeren Raum. Sie hat immer mit Menschen zu tun. Zum Beispiel mit uns: ob wir uns und wie sehr wir uns davon überzeugen lassen, und dann aus dieser Überzeugung leben, daß dieser Jesus mit uns ist. Er ist wirklich unter uns. Nicht wie eine Mumie. Wie eine lebendige Kraft, die uns Leben und Hoffnung auf Überleben gibt.

Nachsehen

„Wo kämen wir denn da hin?" Das ist eine Redensart, die oft gebraucht wird. Von Eltern: Wo kämen wir denn hin, wenn die Jungen alles machen könnten, was sie wollen? Von Politikern: Wo kämen wir denn hin, wenn wir einseitig abrüsten sollten? Von Jugendlichen: Wo kämen wir denn hin, wenn wir uns alles gefallen ließen?

Wir setzen uns oft sehr enge Grenzen und wollen erst gar nicht wissen, was dahintersteckt. Eltern könnten vielleicht die Erfahrung machen, daß es bei den Jungen gar nicht drunter und drüber gehen muß, Politiker müßten feststellen, daß es sich mit dem Gegner durchaus reden läßt; Jugendliche könnten andere Wege suchen...
Von Jesus heißt es, daß er sich auf den Weg nach Jerusalem machte, obwohl er wußte, was ihn dort erwartete. Wenn er gesagt hätte, „Wo kämen wir denn hin?", dann hätten Millionen Menschen nicht den Mut gehabt, sich trotz aller Vorurteile, Einwände und Fragen auf den Weg zu machen, um hinter den Menschen oder hinter die Dinge zu sehen.
Jesus hat durch sein Leben und durch seinen Tod gezeigt, daß es einen Sinn hat, etwas anzufangen, was vorher noch niemand so gewagt hat; zum Beispiel: dem Verlorenen nachzugehen und die neunundneunzig Gerechten ihrer Gerechtigkeit zu überlassen.
Der Schweizer Pfarrer Kurt Marti drückt es so aus: „Wo kämen wir denn hin, wenn alle sagten: Wo kämen wir hin? Und niemand ginge, um einmal zu schauen, wohin man käme, wenn man ginge."

Nachtgespräch

In einem Nachtgespräch erzählte mir einer: „Jahrelang war ich ängstlich und depressiv. Ich konnte mich von meinen Befürchtungen und Ängsten nicht frei machen. In allem, was ich tat, war ich unsicher und unentschlossen. Vom meiner Umgebung bekam ich den Rat, immer und immer wieder, ich solle, ich müsse mich ändern. Meine Ängste wurden mit jedem Versuch stärker, meine Unsicherheit nur noch größer. Schließlich hieß es, ich sei neurotisch und ein Fall für den Psychiater oder die Klinik. Ich wurde immer einsamer, von Gott und der Welt verlassen.
Nur ein einziger Freund war mir geblieben. Es war einer von der Sorte, die nicht viele Worte machten. Er sagte mir eines Tages: ‚Bleib doch, wie du bist! Ich schätze dich, wie du bist. Deine Ängste und Unsicherheiten machen dich sensibel, empfindsam für die Nöte anderer Menschen.'
Endlich hatte mir einer ein gutes Wort gesagt. Je mehr ich mich auf die Worte meines Freundes einließ, desto besser, desto leichter ging es mir. Ich wirkte längst nicht mehr so verkrampft; ich wurde sicherer und konnte meine Ängste beherrschen; nur weil einer zu mir gesagt hatte: ‚Bleib wie du bist. Ich schätze dich, wie du bist.'"

Soweit das Protokoll eines Nachtgesprächs.
Sie können sich bestimmt vorstellen, daß auch ich in dieser Nacht gelernt habe.

Name

Meine Großmutter hatte die Angewohnheit, an eine schwere Arbeit oder in eine unbekannte Situation mit dem Wort zu gehen: In Gottes Namen. So begann sie übrigens auch ihren Tag, so beendete sie ihn: In Gottes Namen. Als Kinder oder Jugendliche lächelten wir über ihre Angewohnheit; heute weiß ich es besser. Dieses „In Gottes Namen" gab ihrem nicht leichten Alltag ein positives Vorzeichen, weil sie das sichere Gefühl hatte: Gott ist auf meiner Seite.

Wir erfahren es am eigenen Leib, wie entscheidend für unsere Arbeit und für unser Leben solche Signale sein können. Wenn einer uns sagt, daß wir heute ziemlich schlecht aussehen, überzieht uns ein mulmiges Gefühl, auch wenn es uns noch so gut geht. Wenn einer unser Aussehen für gut findet, richtet uns diese Aussage auf, auch wenn wir zuvor niedergedrückt gewesen waren. Ein böses Wort kann uns krank machen, ein gutes Wort gesund.
Es ist nur die Frage, warum wir uns so selten gute Worte gönnen; warum wir andere nicht mit einem guten Wort aufrichten. Das hat gar nichts mit falscher Höflichkeit und Schmeichelei zu tun, sondern einfach mit dem Willen, mir selbst oder einem anderen, etwas Gutes zu schenken: eine erfreuliche Begegnung, eine sorglosere Stunde, eine Arbeit, die leichter von der Hand geht. Vielleicht gelingt uns das schon morgen früh, wenn wir beim Aufstehen „In Gottes Namen" sagen und uns damit einen freundlichen Tag wünschen. Uns und jedem, der uns begegnet.

Narrenzeit

Was waren das für Zeiten, als die Menschen in der Karnevalszeit ihren Frust auf König und Staat, auf Kirche und Rechtsprechung loslassen konnten, indem sie alles auf den Kopf stellten; die Nacht zum Tag machten; den Militarismus und das Soldatentum durch die Narrengarden verspotteten und die Sucht nach Ehrenzeichen durch Papp- oder Blechorden auf die Schippe nahmen.

Inzwischen sind die Auszeichnungen der Narren Ziel der Begierde. Politiker reißen sich um den Orden „Wider den tierischen Ernst"; die Garden übertreffen mit ihrem Drill selbst die Ehrenwachen bei Staatsempfängen und messen sich in harten Wettbewerben. Der Fasching ist zu einer todernsten Sache geworden. Da bleibt einem das Lachen buchstäblich im Halse stecken. Dabei wäre gerade das Lachen so wichtig. Wer nämlich über das Gehabe der Menschen, über politische Ereignisse, über kirchliche Ansprüche und Wichtigtuerei lachen kann, der nimmt sie nicht ernst. Er bestreitet die Bedeutung, die Politiker, Manager und Kirchenfürsten sich selber geben. Wer Humor hat und ihn zeigt, entwaffnet, weil er nicht einmal die Welt so nimmt, wie sie ist. Der Humor weist voller Hoffnung über die irdischen Dinge hinaus, auf den hin, vom dem es im Psalm heißt: „Doch Er, der im Himmel thront, lacht..."

Nerven

Eine Frau jammerte ständig ihrem Ehemann vor, daß sie so ziemlich mit ihren Nerven am Ende sei. Der Haushalt, die Kinder und ein kleiner Nebenjob belasteten sie doch sehr. „So kann es nicht mehr weitergehen!" sagte sie. „Ich bin fix und fertig."
„Mach' dir wenigstens einmal einen schönen Tag", antwortete ihr Mann verständnisvoll: „Ich werde mir frei nehmen, den Haushalt versorgen, auf die Kinder aufpassen. Mir liegt viel daran, daß du einmal ausspannst. Wenn du willst, schon morgen oder übermorgen?"
„Wie kann ich mir einen schönen Tag machen?" griff die Frau ihr Jammern wieder auf, „wenn ich ein schlechtes Gewissen bekomme, weil ich so mir nichts, dir nichts freinehme?"

Mal ehrlich: Vielen unter uns geht es wie dieser Ehefrau und Mutter: Das Jammern und Klagen ist ihnen lieber als eine Lösung. Sie blockieren sich selbst, statt ihre Situation bewußt und entschieden zu verändern.

Neuheit

Neu, das ist ein Reizwort, das die Werbung längst für sich beschlagnahmt hat. „Jetzt habe ich wieder Freude am Leben", sagte mir einer, als er mir stolz sein neues Auto vorführte. Ich fragte zurück: „Wie lange?" Die Antwort war Achselzucken und Schweigen.

Wir setzen viel ein, um etwas zu erreichen. Wir sagen uns, solange ich das nicht geschafft habe, solange ich mir jenes nicht kaufen kann, solange ich dieses nicht besitze, bin ich nicht glücklich und zufrieden. Jeder von uns weiß zugleich: Das Glück des Neuen hält nicht lange an; es dauert höchstens bis zum nächsten Wunsch. Die meisten von uns haben mehr, als sie zum Leben brauchen. Aber sie sind nicht zufrieden. Und weil sie nicht zufrieden sind, können sie nicht einmal das genießen, was sie haben.

„Was bringt mir die ganze Spiritualität?", fragte ein vielbeschäftigter Geschäftsmann, dem gesagt wurde, er müsse auch einmal an sich denken. „Sie hilft dir, mehr zu haben", antwortete der Mönch. „Wie das?", fragte der Geschäftsmann zurück. „Die Spiritualität lehrt dich, weniger zu wollen."

Nichts

Probieren sie ruhig einmal aus, wie schwer es ist, nichts zu denken oder nichts zu tun. Da kann einem binnen kurzer Zeit der Schweiß auf die Stirne treten, vor lauter Anstrengung, nichts zu tun.

Einer der in Ferien ging, sagte mir zum Abschied: „Ich werde jetzt drei Wochen nichts tun!" Ich fragte zurück: „Wirklich nichts?" Der Urlaubswillige wurde ein wenig unsicher und sagte dann, ein wenig gedehnt: „Na ja. Halt mal was anderes machen, als sonst." Viele setzten sich im Urlaub zwar auf andere Art und am anderen Ort wieder genau denselben Reizen und Unterhaltungen aus. Nichts dagegen. Aber das ist nur mal nicht nichts. Zu einer wirklichen Erholung kommt es dann nicht vor lauter Planung, was morgen und übermorgen zu unternehmen sei.

Deswegen nicht gleich hochstapeln mit der Behauptung, im Urlaub „wirklich nichts tun zu wollen". Es lieber einmal stundenweise oder für einen Tag ausprobieren, nichts zu tun. Aber Vorsicht! Das Nichtstun ist eine Kunst. Ein Erfahrener hat geschrieben: „Das Nichtstun ist die anspruchvollste Form des Tuns." Daher kommt es auch, daß spirituelle Menschen in der Regel sehr engagierte Menschen sind. So lange wir vollgestopft sind mit allem Möglichen, auch im Urlaub unbedingt unsere Zeitung haben, Radio hören, telefonieren und fernsehen müssen, ist es mit dem Nichtstun noch sehr weit.

Normal

„Normalerweise tue ich das nicht". Das klingt wie eine perfekte Entschuldigung. Eigentlich bin ich immer ein korrekter, zuverlässiger, anständiger Mensch. Normalerweise. Aber in diesem einen, besonderen Fall, bin ich gerade gezwungen, gegen meine eigene Norm zu handeln. Wenn dann die Sache ausgestanden ist, wenn ich meinen Ärger loshabe oder mein Recht wiederhergestellt ist, dann kehre ich selbstverständlich zu meinem gewohnheitsmäßigen Verhalten zurück.

Ein Wort der Bibel möchte uns aus dem Normalen herausholen: „Wenn ihr nämlich nur die liebt, die euch lieben, welchen Lohn könnt ihr dafür erwarten? Tun das nicht auch die Zöllner? Und wenn ihr nur eure Brüder grüßt, was tut ihr damit Besonderes? Tun das nicht auch die Heiden?" (Mt 5, 46. 47). Das Mehrtun, das Über-das-Maß-Gehen, das Außergewöhnliche ist in der Heiligen Schrift gefragt, nicht die brave Normalität des Bürgers. Das bedeutet, daß ich gegen den Strom meiner Gefühle und Gewohnheiten schwimmen muß. Das kostet Kraft. Der Kampf gegen das Normale, das Übliche ist das Schwerste, was es heutzutage gibt.
Und was ist für mich außergewöhnlich? Wenn ich auf einen Menschen zugehe, der mir nicht von vornherein sympathisch ist: gleich morgen schon. Wenn ich mich in die Lage eines Menschen zu versetzen suche, der mir etwas angetan hat. Wenn ich mich am Wettrasen auf der Straße nicht beteilige. Oft besteht das Mehr-als-das-Übliche ganz einfach darin, den anderen sein zu lassen, wie er ist. Selbst das ist ja unter uns nicht normal. Selbst das kostet Kraft. Aber das bringt mich voran: zu mehr Einsicht, zu mehr Reife, zu mehr Menschlichkeit. Mehr vor alledem jedenfalls als auf dem „normalen Weg" zu erwarten wäre.

Not

„Not lehrt beten", heißt es. Beispiele gibt es dafür genug. Gerade in persönlichen Krisen oder in Kriegszeiten haben es viele Menschen wieder gelernt, zu beten. Sollten wir deswegen auf schlechte Zeiten warten, damit sich die Menschen wieder auf Gott besinnen? Wer so argumentiert, rechnet nicht mit der Vergeßlichkeit der Menschen.

Ich habe auch das Gegenteil erlebt: Not macht hart und bitter. „Wie kann einer nach Auschwitz noch an Gott glauben?" Diese verbitterte Klage zeigt, daß das Maß an Leiden so übermächtig werden kann, daß es den Menschen von Gott wegbringt. Vielleicht hat jener spirituelle Lehrer recht, der sagt: „Was zählt, das ist die Grundhaltung des einzelnen: Das Leid kann süß oder bitter machen, wie das Feuer des Töpfers sein Werk härten oder verkohlen kann."

Die offene Grundhaltung hatte jener Jude, der vor der Vernichtung in eine Wand des Warschauer Gettos ritzte: „Ich glaube an die Sonne, auch wenn sie nicht scheint. Ich glaube an die Liebe, auch wenn ich sie nicht spüre. Ich glaube an Gott, auch wenn ich ihn nicht sehe."

Notruf

Ich hatte einen wichtigen Termin verpaßt und wollte deswegen von unterwegs telefonieren. Statt eines Telefonbuches fand ich in der Zelle nur einen abgegriffenen Zettel mit der Frage: „Welche Nummer hat Gott?" Die vier Worte gaben mir zu denken. Da hatte ein Mensch einen Notruf abgesetzt. Doch er kannte die Nummer nicht, die eine Verbindung zu Gott herstellen konnte. Als ob das so einfach wäre, Gott zu erreichen! Habe ich die Nummer, die mich im Ernstfall mit Gott in Verbindung bringt? Welche Nummer hat Gott? Unter solchen Gedanken drückte ich die Tasten.

Der Zufall wollte es, war es wirklich nur ein Zufall? daß ich mich verwählte und dann zu hören bekam: „Kein Anschluß unter dieser Nummer! Kein Anschluß unter dieser Nummer!" Kann es sein, daß jener Mensch, der nach der Nummer Gottes fragte, keinen Anschluß bei den Menschen fand? Seine Suche nach Gott war in Wirklichkeit der Schrei nach einem Menschen.

Vielleicht, so dachte ich, hat mich schon öfter einer angerufen, um von mir Hilfe zu bekommen und ich habe es nicht gemerkt, oder ich war wieder einmal – besetzt. Dann könnte es sein, daß ich, wenn ich zu Gott rufe, zu hören bekomme: „Falsch verbunden!"

Nüchternheit

„Das hätte mir auch passieren können!" Wir sagen ein solches Wort gerne aus dem Handgelenk; zunächst klingt es wie ein Trost für einen, der einen Fehler, vielleicht sogar einen entscheidenden Fehler gemacht hat. In Wirklichkeit aber meinen wir mit dieser Redensart: Gottseidank, daß es dir nicht passiert ist! Oder wir denken uns: Wenn der sich nicht so dumm angestellt hätte, wäre ihm das nicht zugestoßen. Wir haben es ganz gerne, wenn die Dummen – die anderen sind. Deswegen schwingt bei allem Mitgefühl, zu dem wir noch fähig sind, oft auch Schadenfreude über das Mißgeschick des anderen mit. Wenn uns das gelegentlich bewußt wird, sind wir darüber betroffen, was sich da so alles in unserem Innersten abspielt. Denn in der Rumpelkammer unseres Unterbewußtseins stapeln sich auch noch Neid und Eifersucht, manchmal sogar eine ziemlich große Portion böser Wünsche, Gefühle des Hasses oder Gedanken der Rache.

„Seid nüchtern und wachsam!" (1 Petr 5,8) schreibt dagegen der erste Petrusbrief nicht nur an die Christen der Frühzeit. Diese Aufforderung sagt uns: Überprüft das, was ihr sagen wollt, auf seinen wahren Gehalt. Seht zu, daß ihr euch nicht ständig hinter Formeln und Redensarten versteckt.
„Seid nüchtern und wachsam!", das ist übrigens auch die Formel für eine Heiligkeit, die uns heute möglich ist. Ja, auch mit der Überprüfung aller Sätze, die wir gewohnheitsmäßig hersagen, machen wir einen wichtigen Schritt auf dem Weg zu unserer Reife, zu unserer Heiligkeit.
Schließlich wollen nicht nur andere auf uns und unser Wort vertrauen; wir selber müssen an uns glauben können…

Nummer 1

Es ist für mich nicht ganz leicht, in der Gemeinde oder sonstwo, die Nummer 1 zu sein. Obwohl für jeden von uns, wenn wir ehrlich zu uns sind, diese Rolle sehr angenehm ist. Wir haben in uns das Bedürfnis „oben" zu sein. Dieses Machtbedürfnis wird gerne hinter einer auffälligen Form von Bescheidenheit versteckt. Kirchliche Würdenträger zum Beispiel wissen ganz genau, daß ihre Position nicht dem Willen Jesu entspricht. Deswegen führen sie alles, was sie auszeichnet, Pomp, Prunk und Auszeichnungen auf den „Gottesdienst" zurück: Was sie genießen, gehört eigentlich Gott, sagen sie: „Alles zur größeren Ehre Gottes!"

Das Problem zeigt sich in der Kirche an vielen Stellen: Gerade weil die Machtausübung nicht offen eingestanden wird, wird sie um so raffinierter ausgeübt. Die Macht über die Gewissen und damit über die Seelen der Menschen ist die bevorzugte Spielwiese kirchlicher Würdenträger. Alle Kritik daran wird mit dem „Willen Gottes" abgeschmettert.

Die Jünger Jesu stritten einmal untereinander. Es ging um den Rang in der Jüngergemeinschaft; es ging um die „Ministerposten" im kommenden Reich Gottes. Jesus löst den Streit nicht „unterwegs"; nicht vor allen Leuten, erst in der Geborgenheit macht er seinen Jüngern, allerdings ohne jede Diskussion die Leitlinie des neuen Weges klar: „Wenn einer der Erste sein will, muß er der Letzte von allen und der Diener aller sein." So und nicht anders.

Offenheit

Es gehört schon eine ziemliche Portion Mut und Selbstüberwindung dazu, zu einer Einladung, auch wenn sie von einem guten Freund ausgesprochen wurde, nichts mitzubringen als sich selber. Das gehört sich eigentlich genauso wenig, wie zu einer Party zu kommen, ohne im Laufe des Jahres an eine Gegeneinladung zu denken. Wir sind dazu erzogen, dem anderen nichts schuldig zu bleiben. Wir lassen ihm damit keine Chance, etwas Gutes zu tun.

Schon Jesus wollte, daß alle, die an seine neue Botschaft glaubten, aus dem ständigen Kreisverkehr der Schenker und der Beschenkten herausspringen sollten. Er sagte, das ist wirklich nichts Besonderes, wenn ihr die grüßt, die euch grüßen und wenn ihr die einladet, von denen wieder eine Einladung zu erwarten ist (nach Mt 5,46).

Das Besondere und damit Verdienstvolle wäre der Versuch, ohne um jeden Preis unhöflich sein zu wollen, auszusteigen aus den so üblichen und oft so unehrlichen Gewohnheiten: also einmal ganz spontan den unsympathischen Nachbarn einzuladen, von dem nichts zu erwarten ist; den Farbigen zu grüßen, der einem auf der Straße begegnet und offensichtlich zur Zahl der Asylanten zu rechnen ist; die Kinder des ganzen Hauses, über deren lautes Spiel im Hof man sich oft geärgert hat, auf eine Cola bitten...

Es wird von uns gar nicht verlangt, plötzlich gute Freunde links liegen zu lassen. Aber soll man von uns nicht auch erwarten können, daß wir über unsere engen Wände hinausschauen, über selbstgemachte Zäune springen können, um dadurch offen und frei zu werden für zugegeben seltsame aber Freude stiftende Bräuche...?

Okkultismus

Schon lange bevor sich der Mensch den Traum erfüllen konnte, in den Weltraum vorzustoßen, veranstaltete er Experimente, um sich wenigstens ein Fenster ins Jenseits zu öffnen. Diese ewig alten und ewig vergeblichen Versuche feiern zur Zeit neue Urständ: Seit es der Runde von Eingeweihten angeblich gelingt, die schon lange verstorbene Großmutter als Geist an den Küchentisch zu zwingen, scheint der Blick in die jenseitige Welt aufgetan.

Gehen wir der phantastisch-geistigen Geschichte einmal auf den Grund: Der „Geist der Großmutter" weiß durch den Mund eines Mediums nichts, aber auch rein gar nichts zu berichten, was nicht unbewußt in den Teilnehmern einer solchen Sitzung vorhanden ist: Ängste, Enttäuschungen, Erwartungen, Sehnsüchte...
Deswegen ist es auch nicht verwunderlich, daß die Jenseitigen ebenfalls unter Ängsten und Erwartungen stehen, daß sie die angeblich bessere Welt nur wie eine Art „wohlversorgtes Ferienlager" erleben.
Für die Lebenden diesseits der Trennungslinie müßte nachdenklich machen, daß die Geister der Verstorbenen argwöhnisch sein können, sich neidisch, sogar boshaft und rachsüchtig zeigen: Wenig tröstliche Nachrichten, die uns über den Küchentisch erreichen.

Da halte ich mich lieber an die schönen und tröstlichen Bilder, die Jesus seinen Jüngern auf ihre Zukunftsfragen geschenkt hat: Das Himmelreich ist zu vergleichen mit einem Hochzeitsmahl, das ein König seinem Sohn ausrichtete und zu dem alle, selbst die an den Hecken und Zäunen, eingeladen waren. Oder ich halte mich ganz einfach an sein Versprechen: „Ich will, daß ihr das Leben habt, und zwar in Fülle!"

Ökumene

Seit es Christen gibt, sind sie uneins. Von Anfang an haben sie untereinander um den rechten Weg gestritten. Wenn keine Kompromisse mehr möglich schienen, haben sie Kriege um des „rechten Glaubens" willen geführt. Der Wunsch nach Einheit ist noch heute ein Traum.

Dennoch stelle ich fest: Jahrhunderte lang gab es eine Abstoßung, markiert durch die großen Spaltungen im Osten und dann im Westen. Jetzt scheint sich der Trend umzukehren: die vermeintlichen Gegensätze ziehen sich an. Die Einheit rückt in greifbare Nähe. Aber die Einheit der Christen darf nicht mit Uniformität verwechselt werden. Gott liebt es bunt. Der Reichtum der Botschaft Jesu, schon die Tatsache daß es vier Evangelien gibt, beweist es, läßt viele Ausformungen zu. Das war schon am Anfang so; allerdings oft genug unter Tränen und Leid.

Heute gehen wir den Weg von der Toleranz zur Akzeptanz. Der andere Christ wird nicht mehr „erlitten", er wird angenommen, wie er ist. Die Basis ist in dieser Annahme schon wesentlich weiter als die Kirchenfürsten, auch wenn die Gefahr einer Verflachung und Gleichgültigkeit gegeben ist. Sie verbirgt sich hinter der Formel: „Wir glauben alle an den gleichen Gott." Entscheidend bleibt, daß jeder tut, was eint, und vermeidet, was trennt.

Perfektion

Über die großen und kleinen menschlichen Sünden und Schwächen gibt es eine Fülle von Sprüchen und Witzen. Es ist ganz einfach natürlich, Fehler zu machen. Manchmal ist es geradezu tröstlich, bei anderen einen Fehler zu entdecken. Aber bei sich selber? Und sich das auch noch von anderen sagen lassen?

Perfektion gibt es nur bei Maschinen oder bei menschlichen Marionetten, die keine eigene Entscheidung wagen. Wer lebendig ist, entwickelt sich. Jede Entwicklung ist auch von Fehlern begleitet. Oft verstecken wir allerdings unsere Fehler, weil wir der Meinung sind, wir könnten sie uns nicht leisten. Das führt uns in eine Härte hinein, die sich zur Unbarmherzigkeit gegen uns selbst und gegenüber anderen wandelt. Wer perfekt sein will, wer perfekt sein muß, überlastet sich und verliert deswegen bald alle seine liebenswerten Züge. Deswegen wirkt der Makellose auf uns so kalt und abstoßend.

Weil sich die Ansprüche steigern, wird ein unmenschlicher Vorgang in Bewegung gehalten, der nur in einem Crash, in einer schweren Enttäuschung oder in einer tiefen Depression enden kann. Zu allem Lebensoptimismus, zu allen positiven Gedanken gehören deswegen auch diese Sätze, damit wir seelisch gesund bleiben oder es wieder werden: Du darfst schwach sein. Du darfst krank sein. Du darfst Fehler machen.

Pharisäer

„Katholiken sollen den gesellschaftlichen Umgang mit wild zusammenlebenden Pärchen und wiederverheirateten Geschiedenen auf jeden Fall meiden, sie weder einladen noch besuchen", so lese ich in der Zeitung. Die Mahnung kommt aus der äußersten rechten Ecke der Kirche.
So wie viele Anhänger des Erzbischofs Lefèbvre denken viele, handeln viele: Eltern verbieten solchen Pärchen nach Hause zu kommen, Nachbarn gehen an ihnen grußlos vorüber, kirchliche Gruppen verweigern die Mitarbeit: man ist nicht so wie diese... Gottseidank!
Die Traditionalisten behaupten sogar, lese ich weiter: „Wer mit solchen Leuten Umgang pflegt, sündigt!"

Es ist gefährlich, wenn sich Christen aufs hohe Roß schwingen. Es gibt ja auch unter berühmten Christen Beispiele mißglückter Partnerschaft. Wenn dann noch moralischer Zwang mit Verantwortung verwechselt wird, ist der moderne Pharisäer komplett.
Jesus haben die Pharisäer einst vorgeworfen: „Er ißt mit den Sündern!" Er antwortet ihnen darauf: „Nicht die Gesunden brauchen einen Arzt...", sagt ihnen aber auch: „Im Himmel wird mehr Freude sein über einen, der vom falschen Weg umkehrt, als über neunundneunzig Gerechte."

Platzkampf

In einer kleinen oberbayerischen Gemeinde wollte eine Urlauberfamilie den Sonntagsgottesdienst mitfeiern. Aber es gab für sie keinen Platz in der Kirche. Selbst die noch freien Bänke blieben durch übergroße Namensschilder reserviert. Keine Chance.

Natürlich gibt es nicht nur in der kleinen Dorfkirche den Kampf um die Plätze. Im Bus oder in der U-Bahn, im Sommerbad und beim Arzt, überall das Gerangel um die besten Plätze. Damit ist immer auch ein Kampf um die Macht, um Einfluß, um Vorteile verbunden. Mit Farben, Titeln, Orden und Ehrenzeichen wird dann der Erfolg im Kampf um die ersten Plätze markiert und festgeschrieben.
Jesus sagt einmal: „Setz dich an den letzten Platz!" Das ist ein wichtiger, ein geradezu erlösender Rat. Er befreit vom Kampf um Plätze und Auszeichnungen; wer nicht unbedingt auf dem ersten Platz sitzen, wer nichts mehr „werden" muß, der wird frei von sich selbst und vom Sich-messen-lassen-müssen an anderen.
Mehr noch: Dieses „Setz dich an den letzten Platz!" erweist das Evangelium Jesu als Basis für eine Gemeinschaft, in der Kampf, Machtstreben und auch Streß keinen Platz mehr haben sollen. Wer so leben will, wird von dem schweren Druck befreit, sich vor Gott wie vor den Menschen behaupten zu müssen.
Ich kann junge Menschen sehr gut verstehen, die aus all dem Ellenbogen-Gerangel in unserer Gesellschaft aussteigen wollen. Man sollte sie dazu geradezu ermuntern! Nämlich für sich ganz persönlich aussteigen aus dem Machtkampf um Platz und Sieg. Loszulassen, um zu sich selbst zu finden.

Pole

In der Kirche gibt es zwei Pole; das ist das Werk des Gottesgeistes. Die Pole halten sich gegenseitig in Spannung und treiben sich voran. Der eine Pol, nennen wir ihn Nordpol, der hält alles zusammen. Es ist das Amt in der Kirche. Es signalisiert uns Stabilität und Festigkeit. Das Amt beanspruchte gerne das Bild vom Felsen für sich. Nicht selten war das ein Mißbrauch. Denn das Amt neigt zur Starrheit. Zur Totenstarre. Das ist keine Basis für Leben.

Der andere Pol, nennen wir ihn Südpol, das sind die Propheten. Die Propheten weigern sich, die alten, ausgetretenen Pfade weiter zu gehen. Sie sind es, die die Kirche erneuern mit wegweisenden Ideen; sie sind es, die sich danach ausstrecken, die Träume zu beleben, die Visionen zu verwirklichen. Die Pole halten alles zusammen, wie die Erde durch die Pole zusammengehalten werden. Doch die Bewegungsenergie kommt von den Propheten.

Jesus Christus war auf der prophetischen Seite. Er hat nichts oder nur sehr wenig von den Priestern und Amtsträgern seiner Zeit gehalten, weil sie den toten Buchstaben über das Leben setzten. Jesus stellte den Menschen über das Gesetz. Er zerbrach dort die Fesseln der Tradition, wo sie den Menschen zu zerbrechen drohten. Aus diesem Bruch ist die Kirche entstanden. Wir sollten alles tun, daß die Kirche nicht selber erstarrt und daran zerbricht.

Politik

Max Weber hielt einmal vor jungen Menschen, die Politiker werden und das durch den Ersten Weltkrieg zerstörte Deutschland wiederaufbauen wollten, einen Vortrag. Der große Gelehrte gab damals den Rat, der auch heute noch seine Gültigkeit hat: Ein guter Politiker muß grundsätzlich über zwei Dinge verfügen: Erstens muß er einen großen Traum haben, verbunden mit der Hartnäckigkeit, den Traum in die Tat umzusetzen. Zugleich braucht er zweitens die Distanz, den Abstand, also die Gelassenheit gegenüber seinen Träumen.

Ich überlasse es der Phantasie des Hörers oder des Lesers, solche Politiker unter uns zu suchen und zu finden. Doch der Rat Max Webers gilt nicht nur den Politikern. Er gilt allen, die Verantwortung für die Entwicklung der Menschheit tragen. Auch unter den Kirchenmännern tun wir uns schwer, Menschen zu finden, die über diese beiden Geistesgaben des Träumens und der Gelassenheit verfügen. Der spirituelle Rat gilt vor allem den religiösen Menschen. Ein Mensch ohne Träume zerbricht an den harten Realitäten. Ein Mensch ohne Abstand zu den Dingen unserer Welt, geht in Streß und Hektik unter. Eine Kirche ohne Träume, ohne Visionen stirbt; eine Kirche ohne Abstand zu den Ereignissen, verliert sich leicht im Tagesgeschäft wie die Politik und geht darin auf oder unter.

Postbote

Am frühen Morgen begegnete mir unser Briefträger, ein immer fröhlicher Mensch, beliebt im ganzen Viertel, weil er trotz seiner begrenzten Zeit stets zu einem guten Wort aufgelegt ist. Heute trug er allerdings schwer unter den beiden vollen Taschen, die er zu seinem Bezirk schleppen mußte. Ein kurzer Gruß. Ich fuhr mit dem Fahrrad an ihm vorüber und dachte mir: Seine Last wird von Haus zu Haus, von Briefkasten zu Briefkasten leichter. Ein Postbote ist ein wunderbares Symbol für das Loslassen.

Viele Menschen machen es nämlich genau umgekehrt. Während der Briefträger am Nachmittag erleichtert nach Hause gehen kann, tragen sie die ganze Last des Tages mit sich herum. Alles, was ihnen begegnet ist, haben sie sich aufgeladen: Fröhliches, Schönes, Ärgerliches, Enttäuschendes. Ärger, Wut, Schmerz, nichts davon haben sie losgelassen.

Also tragen sie es mit nach Hause. Selbst dort können sie es oft nicht loslassen; sie belasten höchstens noch die Familie damit. Wir sollten schon tagsüber das Loslassen einüben wie ein Postbote. Es genügt doch, wenn wir froh und zufrieden nach Hause kommen.

Recht

Die Meldung hörte ich im Radio: Bombenattentat. Wegen einer Strafe, die er als ungerecht empfand, wegen 7.200 Mark, richtete ein Mann ein furchtbares Blutbad in Euskirchen an: Sieben Menschen mußten sterben, weil angeblich einer sein Recht nicht bekam. Wie oft sagen wir selber, dachte ich: „Das ist nur mein gutes Recht!" Oder auch: „Ich will nur, was recht ist, nicht mehr und nicht weniger."

Recht und Gerechtigkeit gehören zu den Grundpfeilern unseres Zusammenlebens. Aber sind sie deswegen so viel, daß Menschen unschuldigerweise dafür sterben müssen? Für mich kann von „Recht und Gerechtigkeit" sehr viel Sturheit und Härte ausgehen; eine Härte, die hart macht und am Ende, Gott sei es geklagt, Menschen sogar zu Mördern. Nur das Recht, das wäre für unsere Gesellschaft zu wenig. Erst wenn wir damit beginnen, das Recht mit Barmherzigkeit zusammenzubringen, wird unser Leben menschlich. Denn das Erbarmen akzeptiert auch Fehler, die der anderen und die eigenen. Die Barmherzigkeit nimmt uns die Härte aus dem Kopf und läßt ein Klima entstehen, das Leben erst richtig möglich macht.

Noch besser allerdings, wenn es uns gelingt, unser Erbarmen mit der Barmherzigkeit zusammen zu bringen. Dann können wir aufhören, auf das Böse böse zu reagieren; wir fangen an, zu leben und leben zu lassen.

Reife

„Dafür werden Sie noch gerade stehen müssen!" Wer hätte ein solches Wort noch nicht gehört? Trotz der Drohung, es ist etwas Gutes an diesem Wort. Denn wir werden aufgefordert, gerade zu stehen. Gerade stehen, das ist die Haltung des Menschen.

Wer gerade steht, der kann dem anderen in die Augen sehen. Es ist ein Vorteil, mit dem Gegenüber auf Augenhöhe zu sein. Das setzt Partnerschaft voraus. Und dafür sollten wir auch sorgen: In einer Auseinandersetzung immer Partner zu sein und nicht etwa der Sündenbock für alle und für alles. Roger Baldwin hat gesagt: „Wer es wagt, sein Recht zu verteidigen, der hat Recht verdient."

Ich möchte hinzufügen: Er wird es auch wagen, die Rechte anderer zu verteidigen. Das erst macht uns gerecht. Das erst läßt uns gerade stehen. Ein Drittes kommt noch hinzu: Wer gerade steht, kann zu seinen Schwächen und Fehlern stehen. Nur ein Angeber kann sich keine Fehler leisten. Nur einer, der bereits niedergedrückt ist, muß seine Schwächen vertuschen. Das vor sich und vor anderen Geradestehen-Können macht die eigentliche Reife aus.

Religion

Die Kirchen werden leerer, die religiösen Bedürfnisse und Erwartungen steigen, so hat ein Erfahrener die derzeitige Situation beschrieben. Die Suche nach dem Sinn des Lebens ist dabei das treibende Motiv für die Suche nach Antworten, die nicht aus unserer Welt kommen können, wenn sie wirklich tragen sollen. Diese Suche geht derzeit an den christlichen Kirchen weitgehend vorbei und führt manch einen auf den reich, aber auch widersprüchlich bestückten Markt der Esoterik oder zu fernöstlichen Religionen.

Dieser Tage habe ich das erstaunliche Wort des christlichen Theologen Raimondo Panikkar gelesen. Panikkar, Sohn einer spanischen Mutter und eines indischen Vaters schreibt: „Ich bin als Christ gegangen, ich habe mich als Hindu gefunden und bin als Buddhist zurückgekehrt, ohne aufgehört zu haben, Christ zu sein." Da hat ein weiser Mensch nicht nur für sich erkannt, daß alle Religionen der Welt helfen könnten, die Fragen des Lebens zu beantworten und Gott zu finden. Die Zeit der Unfehlbarkeit eines einzigen Weges ist glücklicherweise vorbei.
Panikkar hat es erlebt, daß es gar nicht nötig ist, verworrene, vielleicht sogar exotische oder gefährliche Wege zu gehen. Dennoch fragt er: Was schätze ich an den anderen Religionen und was vermisse ich in meiner eigenen? Erst dann kann einer beispielsweise als Christ anfangen, christlicher zu denken und zu leben. Wenn wir im Christentum suchen, was wir vermissen, dann hören wir auch wieder die Antworten, die uns schon längst gegeben sind. Unsere Ohren waren nur nicht auf Empfang eingestellt.

Religionsunterricht

Eines Tages fiel es mir selber auf, daß mein Religionsunterricht ziemlich steril geworden war. Da war kein Pfiff mehr dahinter, fast nichts mehr zündete, es kam keine Stimmung mehr auf. Zur gleichen Zeit fragte mich eine Schülerin: „Warum erzählen sie eigentlich keine Geschichten mehr, so wie früher?"

Das war es: Ich erzählte keine Geschichten mehr. Geschichten und Märchen öffnen das Tor zu einer anderen Welt. Wie konnte ich das vergessen? Gerade im Religionsunterricht? Eine andere Welt! Das mag der Grund dafür sein, daß Gute-Nacht-Geschichten bei Kindern nach wie vor so beliebt sind. Denn in der „anderen Welt" geht alles gut aus.

Die Sendung „Auf ein Wort" ist ja auch eine Art täglicher Gute-Nacht-Geschichten für Erwachsene. Solche Geschichten sind wie gute Beschwörungen, wie heilende Worte, die das Schwere des Tages vertreiben, damit der Schlaf leichter kommen kann.

Richtung

„Er kam einfach aus der falschen Richtung!" – Das war die dünne Erklärung eines schwer verunglückten Motorradfahrers, als ich ihn im Krankenhaus besuchte. „Da kann man nichts machen!" Und die auf ihren Helmen sitzenden Kumpel nickten. So ist es, da kann man nichts machen.
Wenige Tage später traf ich auf die gleiche Resignation, als es darum ging, die Beerdigungsfeier für ihn vorzubereiten. Die Clubkameraden waren erschüttert, daß „Cat" so plötzlich an den Folgen seines Unfalls gestorben war. Aber dieses „Da kann man nichts machen!" kam immer wieder.
„Es stimmt nicht, was in der Todesanzeige stand", begann ich deshalb meine Ansprache in der Leichenhalle. „Es war die Rücksichtslosigkeit des einen und die hohe Geschwindigkeit des anderen…"

Wir schieben schnell dem Schicksal oder gar dem „lieben Gott" unser Versagen in die Schuhe. Es sind immer die anderen, „die aus der falschen Richtung kommen". Alles mögliche ist schuld, nur nicht wir.
Warum drücken wir uns so gerne vor der Verantwortung? Wir sind doch aggressiv gefahren. Wir haben doch den armen Kerl mit Cola überschüttet und dann ausgelacht. Wir haben doch unser Wort nicht gehalten. Wir haben doch den Partner betrogen und enttäuscht!
Geben wir doch endlich einmal zu, daß auch bei uns die Richtung oft nicht stimmt. Dann wären wir vielleicht auch zu einer Kursänderung bereit.

Sakrament

Was ist ein Sakrament? Keine Erklärung ist mir näher, sozusagen unter die Haut gegangen als die von Leonardo Boff. Er erzählt, daß der Vater während seines Studiums in Rom starb. Die Mutter schickte dem jungen Studenten in einer kleinen Blechschachtel die Kippe der letzten Zigarette, die Vater Boff noch unmittelbar vor seinem Tode geraucht hatte. Die Kippe trage er als das Sakrament seines Vaters ständig mit sich.

Ich denke mir, wenn schon in einer Kippe alles versammelt und gegenwärtig sein kann, was den Wert eines Menschen ausmacht, wieviel mehr ist dann Jesus in Brot und Wein für uns gegenwärtig. Was soll dann der Streit zwischen den Kirchen? Was soll dann alle Exkommunikation, der strafweise Ausschluß von Menschen von den Sakramenten, den Zeichen der Güte und des Erbarmens unseres Gottes?

Menschen kommen ohne Zeichen nicht aus. Wir Christen sind dazu berufen, Zeichen für den „neuen Weg" Gottes mit den Menschen zu sein. Jeder von uns ist ein Sakrament. Deswegen kann der protestantische Theologe Sören Kierkegaard schreiben: „Wenn an unserem Leben nichts von der Hoffnung auf das, was uns verheißen ist, ablesbar ist, machen wir Christen uns selbst und Gott zum Narren." Oder positiv gesagt: An uns muß sich das Prophetenwort erfüllen: In jenen Tagen werden Menschen zu uns sagen: „Wir wollen mit euch gehen, denn wir haben gehört: Gott ist mit euch" (Sach 8,23).

Schattenseiten

Sie kennen bestimmt die Geschichte jenes Menschen, der seinen Schatten gegen gutes Geld an den Teufel verkaufte. „Was gibt es Nutzloseres als meinen Schatten?" dachte sich der Mensch. Aber er war dann doch zutiefst erschrocken, als er die Folgen zu spüren bekam: Die anderen Menschen gingen ihm aus dem Weg, weil ihnen einer, der keinen Schatten mehr warf, unheimlich und gefährlich vorkam.

Ein Mensch ohne Schatten ist kein Mensch. Die Psychologen sprechen von Schattenbildern, die zu unserem Leben gehören, und sie verstehen darunter unser Versagen und unsere Schuld. Ein Mensch, der die Schattenseiten seines Lebens nicht anerkennt, der keine Schuld kennt, leugnet damit auch seine Verantwortung. Nicht wenige machen es wie der Mensch in unserer Geschichte: Sie möchten ihre Schatten auf eine billige Weise loswerden. Aber damit bewältigen sie die negativen Seiten ihres Lebens nicht. Wer ständig Schuld wegschiebt, sie unterdrückt, verdrängt, ist wie jener andere Mensch, der es unternahm, vor seinem Schatten zu fliehen und sich dabei zu Tode hetzte.

Der gute Rat „Nimm deinen Schatten zum Weggefährten!" ist ein wichtiger Schritt zu mehr Ehrlichkeit, zu mehr Selbstbewußtsein und zu mehr Menschlichkeit.

Schlaf

Gelegentlich kommt es vor, daß ich nicht einschlafen kann. Ich wälze mich dann im Bett von einer Seite auf die andere. Der abgelaufene Tag hat mich noch so beschlagnahmt, daß die Nacht keine Chance hat. Mir hilft dann auch kein Schäfchenzählen. Ich flüchte mich in einen Gedanken in die Einsamkeit einer Berghütte. Ich wandere dort durch die einfachen Räume, kuschele mich in meinen Schlafsack, versuche durch das kleine Fenster einen Stern zu entdecken.

Mehr und mehr fallen so die Dinge und Ereignisses des Tages, die mich festhalten und belasten wollen, von mir ab. In der Einfachheit und der Einsamkeit einer Berghütte spielen sie keine Rolle mehr. Sie werden, aus dieser Sicht betrachtet, klein und bedeutungslos.

Dann kommt mir der Gedanke, wie Gott wohl aus seiner weit besseren Übersicht meine Sorgen und Probleme ansieht? Er sieht schließlich den Anfang und den Ausgang der Sache im gleichen Blick. Also vertraue ich ihm meine Sachen an. Und, o Wunder!, ich bin eingeschlafen, ehe ich es bemerke.

Schmerz

Lange konnte ich mir keinen Menschen vorstellen, der sich Schmerzen wünscht, bis ich erfahren mußte, er kann auch eine Methode der Lebensbewältigung sein, sich in Schmerzen zu flüchten. Im Normalfall gehören Lebensqualität und Schmerzfreiheit zusammen. Und doch, der Schmerz gehört auch zu unserem Leben.

Das schnelle Rezept, dem ich gelegentlich selber verfalle, heißt: Den Schmerz mit einer Tablette abschalten. Denn der Schmerz wird als störend, als behindernd verstanden. Der Schmerz mindert unsere Lebensqualität. Ob diese Beurteilung immer richtig ist? Einmal abgesehen davon, daß der Schmerz uns etwas sagen will: Du tust zuviel! Du regst dich zu schnell auf! Du schläfst zu wenig! Denk doch an dein Herz! Überfordere deinen Kopf nicht ständig! Oder auch: Vorsicht! Du bist krank!

Einmal abgesehen von diesen wichtigen Botschaften, sagt uns der Schmerz auch, daß wir leben, daß wir unterwegs sind. Wir machen die unterschiedlichsten Erfahrungen mit uns selber, wenn wir Schmerzen haben. Erfahrungen, die wir dann nicht missen möchten, wenn die Schmerzen nachgelassen haben oder überwunden sind.

Schutzengel

Die Diskussion um die Begrenzung der Geschwindigkeit auf unseren Straßen hält an; für die einen geht es um Sicherheit, für die anderen um Freiheit. Doch meistens erschöpft sich das Für und Wider oft genug in Messungen, in Zahlen und Statistik.

Wohltuend fällt mir vor der Ampel ein lustiges Signet auf der Heckscheibe eines Kleinwagens in die Augen: „Ich fahre nicht schneller als mein Schutzengel fliegt!" Belustigt denke ich zunächst: Das wirst du mit deiner Miniaturausgabe von Auto auch gar nicht schaffen!
Dann überlege ich mir: Wie schnell fliegt eigentlich ein Schutzengel? 80, 100 oder 120 km/h? Ich weiß, so ist die Frage bestimmt nicht zu beantworten. Der Schutzengel ist kein Fortbewegungsmittel; er ist eine moralische Größe. Einer, der mir im Gewissen sagt: Gefährde nicht dein Leben! Gefährde nicht das Leben eines anderen! Achte vor allem auf Kinder! Und da könnten 30 Stundenkilometer schon zu viel sein.
Bevor ich weiterdenken kann, schaltet die Ampel auf Grün und ich fahre dem lustigen Schutzengel-Zeichen hinterher. Ich bitte: „Lieber Gott, laß mich immer so fahren, daß niemand durch mich zu Schaden kommt!"
Da habe ich jetzt doch tatsächlich gebetet! Danke, lieber Schutzengel.

Schweigen

Unser Professor für Altes Testament versuchte den Spracheifer seiner Studenten durch die Behauptung zu vergrößern, hebräisch sei die Sprache des Himmels. Manchmal habe ich schon darüber nachgedacht, welche Sprache im Jenseits gesprochen werde. Es müßte eine wahrhaft internationale Sprache sein, die jeder, auch der Ungebildete, sprechen kann.

Eine junge Frau, die zum ersten Mal in ihrem Leben bei der Vesper den gregorianischen Gesang der Benediktinermönche gehört hatte, war so bewegt, daß sie hinterher zum Organisten sagte: „Ich glaube, es gibt keine andere Sprache, die so gut das Göttliche in unsere Welt übersetzen kann, wie Latein. Das muß die Sprache des Himmels sein!"
Der Mönch schaute sie lange an, dann sagte er: „Sie irren. Die Sprache des Himmels ist das Schweigen."

Dahinter steht die alte Erfahrung: Wahre Gemeinschaft entsteht erst dort, wo zwei nicht nur miteinander reden, sondern wo sie auch miteinander schweigen können. Die aktive Stille, in der keiner etwas sagen muß, und die doch gefüllt ist mit gegenseitigem Wissen und Verständnis ist das besonders Wertvolle an einer Partnerschaft. Diese Art von Schweigen ist weit von der Feststellung „Weil wir einander nichts mehr zu sagen haben, wollen wir auch nichts mehr miteinander zu tun haben" entfernt.

Seele

Die Seele einmal baumeln lassen, das ist leichter gesagt als getan. Wir sind auf Leistung getrimmt. Wenn wir Sehnsucht nach Ruhe und Entspannung haben, kommt eine innere Abwehr in Gang. Diese Abwehr macht uns nur noch unruhiger. Diese Unruhe bekämpfen wir, indem wir etwas tun. Wieder und wieder kommt unsere Seele zu kurz.
Wir erleben uns als nervös; andere merken das auch. Ist es dann ein Wunder, wenn auf einmal die letzte Sicherung durchbrennt?

Der Aktive braucht ein Rezept, damit er fähig wird, seine Seele wirklich einmal baumeln zu lassen, so zwischendurch, an einem Wochenende, im Urlaub. Erster Schritt: Aus dem ständigen „Ich muß" wird ein „Ich kann" oder noch besser ein „Ich darf". Wir sollten aus unserem Sprachgebrauch alle Formeln herausnehmen, die uns unter Druck setzen.

Als zweites brauchen wir einen Ort und eine Zeit. Wir ziehen uns buchstäblich dorthin zurück, wo für unsere Seele Raum und Zeit geschaffen werden können. Der dritte Schritt: Eine Kleinigkeit im Auge haben. Nicht ein großes Ziel, nur eine Kleinigkeit. Die Seele an Kleinigkeiten festmachen: An einem spielenden Kind. An einem Grashalm, der sich leicht im Sommerwind bewegt. An einer Wolke, die lautlos am Himmel entlang zieht.

Seelenwanderung

Wie oft sind wir schon auf den Slogan hereingefallen: „Neue Chancen, neues Glück"? Das Ergebnis war bestenfalls wie vor der Losbude auf dem Rummelplatz: Wir konnten ein Mocca-Service mit Goldrand nach Hause tragen, das seither ungenutzt in der Wohnzimmer-Vitrine ausgestellt ist.

„Neue Chancen und neues Glück" werden uns auch auf vielen Plätzen unserer Welt angeboten. Da verbreitet sich die Kunde: Jeder Mensch hat viele Leben und damit viele Lebenschancen. Im Laufe von Jahrhunderten und durch die Kette der Wiedergeburten kann er seine Möglichkeiten nutzen. Man kann jenen Charakterzug verbessern, diesen Fehler ablegen, eine Schandtat büßen. Ganz am Ende der Zeitläufe und der Reinkarnationen bleibt dann angeblich der völlig gereinigte Mensch übrig, den nichts mehr berühren kann. Diese, zum Teil fernöstlichen Lehren, die auch bei uns Anhänger finden, verkünden letztlich ein unmenschliches Welt- und ein grausames Gottesbild. Denn da wird der Mensch ganz allein auf sich gestellt, hat für seine Erlösung selbst zu sorgen, wird deswegen geplagt, geschunden und zurückgeworfen. Für sich kann er in jedem Leben nur wenig, für andere schon gar nichts tun. Die lange Kette der Chancen wird zu einer dauerhaften Fessel der Leiden.

Die Bilder des Evangeliums dagegen reden von der einen großen Aufgabe des Menschen, durch dieses Leben das Heil und das ewige Glück zu gewinnen. „Jetzt ist die Zeit, jetzt ist die Stunde!" – Dieses Jetzt steht hinter allen Aufforderungen Jesu, seinen Weg nachzugehen, seinen einmaligen Weg, ohne Wenn und Aber. Wir sollten uns darüber freuen, daß wir nur ein Leben haben. Es ist schön genug, es ist schwer genug. Aber das eine genügt, um das ewige Leben zu gewinnen.

Segen

Viele Redensarten gebrauchen wir sehr gedankenlos, obwohl sie durch das Erleben unserer Vorfahren randvoll gefüllt sind mit Wahrheit oder mit Verheißung. Eines dieser Worte lautet: An Gottes Segen ist alles gelegen. Der Mensch bekennt damit: Ich kann in dieser Welt eigentlich nicht allzuviel ausrichten; entscheidend ist letzlich Gott. Andere nennen dieses Letzte Glück oder Pech, oder sie nennen es Schicksal.

Für den gläubigen Menschen ist alles, was er erfährt, auch, was ihm widerfährt, Segen: diese Welt; der Mensch, der ihm begegnet; eine Aufgabe, die er übernehmen muß; ein Schicksal, das er trägt. So einfach wird das aber nicht für jeden von uns sein. Denn wir denken dabei auch an das Unheil in der Welt und an den Unsegen, sprich Unfrieden, den wir selber stiften.
Da ist es vielleicht gut zu wissen, daß der Segen zunächst einmal so etwas ist wie ein guter Wunsch. Wenn ich gesegnet werde, wünscht mir einer von Gott her alles Gute. Wenn ich einen Menschen segne, wünsche ich ihm für sein Leben Glück und den Schutz Gottes.
Das Wort Segen kommt übrigens aus dem Lateinischen und heißt dort ganz einfach Bezeichnung. Meine Segenswünsche bezeichnen einen ganz bestimmten Menschen und heben ihn heraus, meine guten Wünsche meinen jenen Menschen, der einen besonderen Platz in meinem Herzen oder der es besonders nötig hat. Ich will zu seinem Glück beitragen, ich will an seiner Seite stehen, und so bitte ich, Gott soll mir dabei helfen. Ich meine, wir sollten öfters segnen.

Sekten

Ich ließ sie erst einmal weinen. Schon nach wenigen Worten war aus ihr die ganze Enttäuschung herausgebrochen: Sie war vor Jahren in eine religiöse Gruppe eingetreten, hatte sich dort aufgehoben und geborgen gefühlt und deswegen mit ihrer Familie und den Freunden gebrochen. So hatte es die Gemeinschaft von ihr verlangt, wenn sie den Weg ganz mit den „Auserwählten" gehen wollte.

Nichts mehr war der jungen Frau geblieben, als sie sich nach langem inneren Kampf von der Gruppe trennen konnte. Es hatte Monate gedauert, bis sie durchschauen konnte, wie sehr sie erst gebraucht, dann mißbraucht worden war. Jetzt war alles in ihr tot und leer. „Ich fühle mich religiös wie eine ausgequetschte Zitrone", sagte sie wörtlich.

Vorsichtig brachte ich das Gespräch auf Jesus. Ich erzählte ihr, mit welcher Offenheit er auf die Menschen zugegangen war und wie er ihnen die Freiheit gelassen hatte; auch die Freiheit des Scheiterns. Es waren die alten Geschichten, die ihr Herz anrührten und in der verzweifelten Frau einiges wieder zum Klingen brachte, was sie längst vergessen glaubte: Jene einfachen Erzählungen, mit denen Jesus klar machte, daß Gott den Menschen nachgeht; daß nicht Erfolg und Leistung zählen; daß von uns nichts anderes erwartet wird als das Zeichen leerer Hände.

Selbstsicherheit

Von einer sehr religiös eingestellten Frau wird erzählt, sie hätte an allen Religionen und Konfessionen etwas auszusetzen gehabt. Schließlich habe sie ihre eigene Religion gegründet. Eines Tages wurde sie von einem ihrer Kritiker in ein Gespräch verwickelt. Am Ende fragte er die Religionsstifterin mit einigem Spott: „Glauben Sie allen Ernstes, daß niemand außer Ihnen und Ihrem Dienstmädchen in den Himmel kommen wird?" Spontan gab die Frau zurück: „Bei dem Mädchen bin ich mir nicht ganz so sicher!"

Die religiöse Selbstsicherheit und Rechthaberei sind es, die es vielen Suchenden so schwer machen. Wir sollten davon ausgehen, daß wir alle, Christen, Muslime, Hindus, auch die Atheisten, noch unterwegs sind. Wir haben zwar alle das gleiche Ziel, das Glück unseres Lebens zu finden, aber es gibt dorthin nicht nur einen einzigen Weg.

Weggenossen raten und begleiten einander; sie machen sich nicht gegenseitig die Wege schwer oder drängen sich gar gegenseitig vom Weg ab. Wer unterwegs ist, folgt dem Mutigen, stärkt die Schwachen, rastet mit dem Müden, richtet den Niedergedrückten auf und ermuntert jene, die am liebsten wieder umkehren möchten.

In den Anfängen wurde die Bewegung der Christen der „neue Weg" genannt, weil selbst die kritischen Beobachter darüber staunen mußten, wie bereitwillig und selbstlos die Nachfolger Jesu andere Menschen begleiteten. Religion wird nicht an ihrer Sicherheit, sie wird an ihrer Menschlichkeit gemessen.

Selbstzweifel

Ich muß gestehen, daß ich manchmal zweifle. An mir selbst. Und Sie sollen hier an diesen Selbstzweifeln teilhaben. Vielleicht hilft es mir – und Ihnen. Ich habe eine weiße Hautfarbe. Ich bin in meinem Land zu Hause; in einem Land, das immer noch – trotz allem – zu den reichsten der Welt zählt. Ich habe das Bildungssystem meines Landes durchlaufen. Ich bin Pfarrer. Und damit bin ich irgendwo ganz oben. Ich gehöre, ob ich es will oder nicht, zum System.

Jetzt fragen Sie vielleicht, warum ich um Gottes willen an mir zweifle. Das ist es ja gerade: Um Gottes willen. Denn die Frohe Botschaft Gottes kann eigentlich einer nur verstehen, wenn er ganz unten ist. „Ich bin gekommen", sagt Jesus, „den Armen die Frohe Botschaft zu bringen." Ich aber bin reich. Ich bin oben. Wie soll ich da das Evangelium verstehen? Wie soll ich die Frohe Botschaft verkünden? Ich gehöre zum System, das süchtig macht; süchtig nach Macht, Ansehen und Bedeutung.

Doch da gibt es glücklicherweise Freunde und Mitarbeiter, die mich aus der Welt dieses Systems auf den Boden holen; die mich zwingen, zu ihnen auf Augenhöhe zu gehen, weil sie mir sagen: Dein System ist ein totes Skelett. Deswegen erneuert Jesus seine Kirche nicht von oben, sondern von unten.

Seligkeit

Der Alte Fritz wollte, daß in seinem Staat jeder Mensch „nach seiner Fasson selig" werden könne. – Ein solches Wort wurde vor gut 200 Jahren wie ein Evangelium gehört und zog viele Menschen, die zu Hause nicht nach ihrer religiösen Überzeugung leben durften, nach Preußen.
„Jeder nach seiner Fasson!" – heißt das nicht auch, daß es egal ist, welchen Glauben einer hat; daß letzlich alle Religionen und Konfessionen gleich sind? Wird damit nicht die Arbeit der christlichen Missionare in aller Welt in Frage gestellt?

Mir fällt dazu der Satz eines Missionars ein, der viele Jahre in Afrika tätig war: „Eine Religion ist nur gut, wie sie dem Menschen hilft, ganz Mensch zu werden." Das bedeutet doch: eine Religion, die den Menschen nicht Mensch werden und nicht Mensch sein läßt; eine Religion, die unterdrückt, statt zu befreien; eine Religion, die Angst macht, statt Lebensmut zu schenken, ist für den Menschen nicht gut. Sie könnte ihn zumindest in dieser Welt nicht zufrieden machen. Aber auch das ist die Aufgabe einer Religion.
Das Evangelium Jesu ist eine Frohe Botschaft für den Menschen und keine Bedrohung. Also müssen die Christen erst einmal in ihren eigenen Reihen für mehr Menschenfreundlichkeit sorgen. Dann haben sie auch das Recht, sogar die Verpflichtung meine ich, mitzuhelfen, daß Menschen in aller Welt zu mehr Menschlichkeit finden.
Wenn ich die Bergpredigt Jesu richtig verstehe, dann steckt in ihr die starke, befreiende Kraft, die Menschen hier ein wenig glücklicher – und für eine neue Welt, für die Welt Gottes, fähig zu machen.

Sexualität

Der Kirche wird gerne Versagen vorgeworfen, oft nur, um das eigene Versagen besser entschuldigen zu können. Zugegeben: Nicht selten war die Kirche, trotz des Evangeliums, in „Sachen Sexualität" auch nur ein Kind ihrer Zeit. Vielleicht haben wir von der Kirche, die wir alle sind, auch nur zu viel erwartet.

Doch zu keiner Zeit ihrer Geschichte, so sehe ich es jedenfalls, hat es die Kirche fertig gebracht, etwas wirklich Positives zu unserer Sexualität beizutragen. So entstand nie eine Harmonie zwischen Sex, Eros und Liebe. Die Liebe wurde gepriesen, vor allem in der Form der Nächstenliebe. Der Eros wurde auf eine geistliche Ebene gehoben und anerkannt, was der Mensch mit seiner Hilfe alles leisten kann. Die Sexualität blieb auf der Strecke. Sie wurde in die Ehe verbannt und mußte dort vor lauter Pflichtbewußtsein verkümmern.
Gefühle durften und dürfen in der Kirche keine Rolle spielen. Aber spricht Gott nicht gerade durch unsere Gefühle zu uns? Können wir ihn nicht gerade in unserem Empfindungen leibhaftig erfahren? Unsere Leidenschaftlichkeit ist nur erlaubt, wenn sie sich beispielsweise in der Leidenschaft eines Missionars für die Ausbreitung des Evangeliums zeigt. Was aber ist mit der Leidenschaft unseres Körpers? Unser Leib, das glaube ich, wurde von Jesus Christus, dem ganzen Menschen, genau so erlöst wie unser Wille und unser Verstand.

Sinnlichkeit

Mit unseren Sinnen tun wir uns schwer. Vor allem in Situationen, in denen wir wie von Sinnen sind. Dabei verbinden uns die Sinne mit unserer Welt. Was wir schmecken, riechen, sehen, ertasten und hören können, das begreifen wir, das nehmen wir wahr. Was wir nicht greifen können, begreifen wir nicht; was wir nicht sehen können, können wir nicht absehen, aber auch nicht übersehen.

Mit unseren Sinnen erfahren wir den anderen Menschen. Wir sagen doch: Den kann ich nicht riechen; die ist ganz nach meinem Geschmack; wenn ich den schon höre. Alles, was wir tun uns lassen, ist mit unseren Sinnen verbunden. Wer mit seinen Sinnen zurecht kommt, für den gelingen auch Nähe, Vertrauen und Liebe. Gott will, daß wir einander mit Leib und Seele zugetan sind; Gott will, daß wir alles, was wir tun, mit Lust und Liebe tun.

Mit unseren Sinnen erfahren wir auch Gott. Es gibt keinen anderen Weg. Wenn wir die Sinne aus unserer Glaubenserfahrung herauslassen wollten, würde der Glaube sinnlos. „Wo kann ich denn Gott finden?" fragte ein Schüler den Meister. „Er steht dir gegenüber", bekam er zur Antwort. „Warum kann ich ihn dann nicht sehen?" Darauf der Meister: „Um Gott zu sehen, mußt du offen sein mit allen deinen Sinnen."

Solidarität

Unabhängig voneinander hatten sich zwei Menschen im gleichen Waldgebiet verirrt. Auf der Suche nach dem richtigen Weg aus dem Wald heraus, stießen sie aufeinander und fragten sich gegenseitig nach dem Weg. Der eine sagte zum anderen: Ich kenne den Ausweg aus dieser Wildnis auch nicht, aber wir könnten uns gemeinsam auf die Suche machen.

In manchem Gespräch, bei Planungen oder Unternehmungen ist es mir ähnlich gegangen. Da waren Menschen zusammengekommen, die nicht mehr weiterwußten. Sie machten das Beste aus der Sache, sie suchten miteinander. Nicht nur, weil vier Augen mehr sehen als zwei, oder zwei Köpfe mehr erreichen als einer. Das Hauptproblem des Menschen, das es aufzulösen gibt, ist seine Einsamkeit oder sein Gefühl allein gelassen zu werden. Dann sieht einer „vor lauter Bäumen den Wald" nicht; vor lauter Problemen kann er die Lösung nicht finden.

Kohelet, ein alttestamentlicher Weisheitslehrer, erklärt die notwendige Solidarität der Menschen unter einem schönen Bild: „Wenn zwei zusammenschlafen, wärmt einer den anderen; und wenn jemand einen einzelnen überwältigt, zwei sind ihm gewachsen" (4,11.12.). Solidarität wärmt.

Spiel

Der Meister fragte seine Schüler: „Was könnt ihr von einem Kind lernen, was auch Gott tut?" Die Schüler suchten vergeblich nach einer Antwort; der Meister war nicht zufrieden zu stellen. Schließlich gaben sie auf und baten um die Lösung.

Der Meister schwieg lange, um seine Schüler zum weiteren Nachdenken zu zwingen. Endlich sagte er: „Das Kind spielt. Gott spielt. Das Spiel ist das Menschlichste, was es gibt; deswegen ist das Spiel auch das Göttlichste." Er machte eine Pause, dann fuhr er fort: „Die ganze Schöpfung ist ein großes Spiel und Gott ist damit noch nicht an ein Ende gekommen. Das All ist sein Spielplatz. Was lernt ihr daraus?"

Wieder gab es eine große Ratlosigkeit bei den Schülern. Endlich fand der Meister auch für diese Frage die Lösung: „Ihr sollt alles Leben zu einem Spiel machen." – „Auch die Arbeit?" fragte ein Schüler. „Ja, auch die Arbeit", lautete die Antwort des Meisters: „Die Arbeit wird euch nur dann zu einem geistlichen Gewinn, wenn sie wie im Spiel geschieht. Ohne Absicht, aber mit viel Phantasie.

Sprung

Unentschlossen stand das Kind, es war so drei, vier Jahre alt, auf der Mauer; unten der Vater mit hochgestreckten und ausgebreiteten Armen. Ein wortloser, fast minutenlanger Kampf des Kindes um den Entschluß, zu springen und ein ebenso langes wortloses Werben des Vaters um Vertrauen. Als das Kind endlich gesprungen war, hatten beide gewonnen.

Was so einfach aussah, wurde für den Vater und das Kind zu einem geistlichen Erlebnis. Beiden wurde etwas geschenkt, was für das Leben so ungeheuer wichtig ist: Vertrauen. Vertrauen ist ein Geschenk; wir können uns dieses Geschenk weder verdienen noch erkämpfen. Das Kind sprang wagemutig in das Geschenk hinein. Nicht auszudenken, was geschehen wäre, wenn der Vater in diesem Augenblick Arme und Hände zurückgezogen hätte.

Wir springen so selten aus uns heraus, weil wir erst einen Vorschuß für unser Vertrauen haben, weil wir erst Vertrauensbeweise haben wollen. Doch beides ist nicht möglich. Wer beschenkt werden will, muß springen. Freilich sind da immer auch ein bißchen Angst und Unsicherheit mit ihm Spiel. Deswegen brauchen wir einen kleinen Anstoß für unseren vertrauensvollen Sprung. Denn Anstoß können wir uns selber geben; wir können ihn auch anderen geben. Wir brauchen nur die Hände auszubreiten.

Sterben

Als Jesus am Kreuz starb, sagte er ein letztes, ein tröstliches Wort: „Vater, in deine Hände lege ich mein Leben." Jesus, für mich ein einmaliger, unverwechselbarer Mensch, gab sein Leben voll Vertrauen und Gelassenheit zurück. Damit wir uns nicht falsch verstehen: Bis es so weit war, hat Jesus um sein Leben gekämpft, hat er die Todesangst durchlitten, hat er erfahren müssen, wie die Hoffnung zerrann und das Ende kam. Dann stand er zu diesem Ende wie ein Mann.

Unsere Welt ist dagegen auf das Leben fixiert; sie hat Sterben und Tod nicht im Blick und muß beides verdrängen. Da ist es kein Wunder, wenn uns das Vertrauen in den Sinn des Todes und die Gelassenheit, das Leben schließlich loszulassen, abhanden gekommen sind. Seit einigen Jahren gibt es Menschen, auch in unserer Stadt, die sich ganz bewußt auf Sterben und Tod einstellen. In der Hospizbewegung begleiten sie Sterbende und deren Angehörige in den letzten Tagen und Stunden eines Lebens. Sie helfen auf ihre Weise mit, daß Sterben und Tod unter uns wieder einen würdigen Platz bekommen.

Der Lebende braucht Menschen zu seinem Menschsein; der Sterbende erst recht. Einer hat sich notiert: „Wenn wir schon rechte Stümper sind, wenn es gilt einander ein menschliches Leben zu gönnen, dann sollten wir wenigstens für ein menschliches Sterben und einen menschenwürdigen Tod sorgen."

Streß

Es scheint keinen Menschen mehr zu geben, der nicht unter den Folgen des Streß' klagt. Schon Kinder im Grundschulalter fühlen sich gestreßt. Und wenn einer einen Herzinfarkt bekommt, zucken wir mit den Schultern und sagen: „Kein Wunder, bei dem Streß!"

Dennoch: Streß gehört zu unserem Leben. Wir brauchen die tägliche Anspannung, wie unsere Muskeln verkümmern müßten, wenn sie nicht ständig im Wechsel zwischen Spannung und Anspannung trainiert würden. Das ist es: Der Wechsel. Wir können nur dann von einem gesunden Streß sprechen, wenn er sich ein einer natürlichen Entspannung auflösen kann. Die Fachleute sprechen in diesem Fall von „Eu-Streß".

Gefährlich ist die Kombination von Streß und Angst. Wer ständig Angst haben muß, zu kurz zu kommen, zu spät zu kommen, von anderen überholt oder gar ausgehebelt zu werden, findet keine Entspannung mehr. Die Angst im Urteil der anderen und in den eigenen Augen keine hundertprozentige Hausfrau, kein perfekter Manager, kein tadelloser Beamter zu sein, erzeugt den krankmachenden Streß. Dagegen gibt es nur ein einziges Heilmittel: Die Gelassenheit. Die beginnt dort, wo einer zu sich sagen kann: Nimm dich nicht zu wichtig.

Strukturen

Wir sind, wenn überhaupt noch, weitgehend in einem ganz individuellen Sündenbewußtsein verhaftet. Das kommt aus unserer Beichtstuhlzeit mit den automatisierten Anklagen: „Ich habe, ich habe, ich habe..." Ein neues Bewußtsein, das sich über die nächste Umgebung hinaus „der ganzen Welt" verantwortlich weiß, entwickelt sich nur langsam, vielleicht da und dort durch Bußgottesdienste, die es wagen, die sündhaften Strukturen beim Namen zu nennen.

Die wachsende Alkohol- und Drogenabhängigkeit ist ein deutlicher Hinweis darauf, daß die Beziehungen in unserer Gesellschaft nicht mehr stimmen. Doch bevor der „Problemlöser" in der Gestalt der Droge zu uns kommt, weist er auf ein anderes Unrecht hin: Weil bei uns Kakao, Kaffee und Tee viel zu billig angeboten werden, sind beispielsweise die Bauern in Lateinamerika geradezu gezwungen für den Lebensunterhalt ihrer Familien Hanf, Mohn oder Koka anzupflanzen. Inzwischen waschen in den Industrieländern die Banken das schmutzige Geld der Drogenmafia „weiß" und verdienen noch einmal daran. An all diesen Vorgängen sind wir irgendwie beteiligt, denn unser „gutes Leben" wird durch eine ungerechte Wirtschaftspolitik mitfinanziert.

Es ist an der Zeit, zu erkennen, daß die „Strukturen der Sünde" nicht nur die Süchtigen, sondern uns alle krank machen.

Stufen

In einem buddhistischen Kloster Thailands lernte ich, daß fast alles in der weitläufigen Anlage seine Bedeutung habe. Entsprechend war meine Neugierde und ich hoffe, daß ich meinen Gastgebern nicht allzu sehr auf die Nerven gegangen bin. So fiel mir auf, daß zu einem kleineren Tempel vier Stufen hinauf führten, obwohl sie nicht nötig waren, denn innen brachten sie den Besucher wieder auf das gleiche Niveau hinunter. Man hätte, ohne die Stufen, den Raum ebenerdig betreten können. Also fragte ich.

„Es sind die vier Stufen des Mannes", erklärte mir der Mönch. „Auf der ersten sind wir alle Lernende und machen unsere Lebenserfahrungen. Auf der zweiten Stufe heiratet der Mann, ernährt seine Frau und erzieht die Kinder. Dann macht er sich auf die Suche nach dem Grund des Lebens; er geht für einige Zeit ins Kloster. Das bedeutet die Stufe drei. Wenn ihm Erleuchtung geschenkt wurde, das ist Stufe vier, kehrt er zu den Seinen zurück. Weil er Einsicht gewonnen hat, lebt er zwar weiter in seiner Familie, aber er denkt in großen Zusammenhängen."

Mein Gott, denke ich mir, kein Wunder, daß unsere Rentner keine Zeit haben. Sie sind immer noch auf Stufe drei. Sie sind immer noch auf der Suche und kommen nie an.

Suchtgesellschaft

Völlig verzweifelt saß die Mutter in meinem Sprechzimmer. Arglos hatte sie die Jeans ihres Sohnes gewaschen und dabei ein Päckchen Drogen entdeckt. Eine Welt brach in ihr zusammen, als der junge Mann nach langem Leugnen zugab, schon seit Monaten „was zu nehmen".

Das Erschrecken der Mutter ist verständlich. Aber leben wir nicht in einer Suchtgesellschaft? Darüber sollten wir erschrecken. Die Devise, die der nachfolgenden Generation verkündigt und vorgelebt wird, lautet: Möglichst alles haben und zwar sofort. Der Lebenssinn unserer Gesellschaft besteht im Besitzen, im Prestige und in der Macht. Das kann nicht gut gehen. Die leeren Seelen sind nicht mit immer neuen und immer teueren Sachen aufzufüllen. Weil das leidvoll erfahren wird, muß der Alkohol den Tröster spielen. Bei den Jungen sind es die Drogen.

Die Änderung kommt nicht durch Therapien und Programme. Denn es ist ungeheuer schwer, als Erneuerter in die alte Umgebung zurückzukehren. Der einzige Weg aus der Sucht, das Loskommen, besteht einmal darin, nicht mehr haben zu wollen, nicht mehr sein zu wollen, nicht mehr mißbrauchen zu wollen. Und zum anderen, Menschen zu finden, die genau das vorleben. Eigentlich müßte die Kirche die Alternative zu unserer Gesellschaft sein und wir fragen uns traurig, warum sie das nicht ist?

Supermarkt

Vor einigen Wochen war seine Freundin aus der gemeinsamen Wohnung ausgezogen. Jetzt saß der 19jährige vor mir. Ziemlich verzweifelt: Das Leben hat keinen Sinn mehr. Im Laufe des Gesprächs kam es heraus, warum ihm alles so sinnlos vorkam: Solange er mit seiner Freundin beisammen war, war Sex für ihn eine alltägliche Sache... Aber jetzt?

Sex wird als die selbstverständlichste Sache der Welt angepriesen. Sex als Konsumartikel; am liebsten aus dem Supermarkt zum billigsten Preis.
Verschwiegen wird in dieser Massenwerbung zwar nicht, daß der Sex dazu bestimmt ist, uns aus unserer menschlichen Vereinsamung herauszuholen; verschwiegen wird, daß Sex ohne Liebe uns immer tiefer in die Einsamkeit zurückstößt. Unser Hunger bleibt, der Hunger nach mehr...
Wo wir nehmen, finden wir bestenfalls Lust. Glück finden wir nur dort, wo wir es verschenken; wo wir uns verschenken. Dieses Schenken lehrt uns die Liebe: Sie überwindet das Nur-haben-Wollen, das Nur-genießen-Wollen.
Wer so zu leben und zu lieben versucht, der erfüllt auch das einzige Gebot Jesu, das alle anderen zusammenfaßt: Gott zu lieben und den Nächsten wie sich selbst. Ich wüßte keinen besseren Weg aus der Einsamkeit.

System

Die Kirche ist unbestreitbar und immer noch eine große Macht; auch in unserem Staat. Auch wenn ihr Einfluß weltweit zurückgeht und sie ihre eigenen Positionen nicht mehr überall durchsetzen kann; denken wir nur an das Problem der Abtreibung. Macht und Evangelium vertragen sich nicht. Dennoch verwechseln viele, die in der Kirche das Sagen haben, das irdische System mit dem Reich Gottes. Sie möchten es auf Biegen oder Brechen verteidigen. Sollen wir traurig darüber sein, wenn die Kirche in den Staaten und unter den Völkern keine politische Macht mehr ist, wenn sie keine Macht mehr hat?

Was hat Jesus gewollt? Richard Rohr, der amerikanische Franziskaner urteilt so: „Jesu hat uns nie versprochen, daß irgendein politisches System das Reich Gottes auf Erden verwirklichen könne." Die Aufgabe des Christen nach dem Evangelium ist es, Sauerteig zu sein. Oft genug wollte die Kirche für die Welt das ganze Brot sein. Das ist es nicht, was Jesus will. Das kirchliche System darf nicht vom eigentlichen Ziel, dem Reich Gottes, ablenken oder ihm gar im Wege stehen. Bis dieses Gottesreich am Ende der Zeiten vollendet ist, sind wir Christen dafür Zeichen: Wir sind nur Salz und nicht die ganze Speise. Wir sind wie ein Licht, aber nicht die ganze Helligkeit. Wir sind die Stadt auf dem Berge, aber nicht das ganze Gebirge.

Telefon

Wir telefonierten lange miteinander. Es war ein schwieriges Gespräch. Eigentlich war es ein Monolog. Sie sprach. Ich hörte zu. Nach einer guten Stunde, ich war schon ziemlich erschöpft, sagte sie: Was hat das für einen Sinn? Sie können mir ja doch nicht helfen." – „Ich habe ihnen wenigstens zuhören können", entgegnete ich. Sie legte auf. Zwei Minuten später, es war schon nach Mitternacht, klingelte das Telefon erneut. Meine Gesprächspartnerin sagte nur ein Wort, bevor sie wieder auflegte: „Danke!"

Was hat das Bittgebet für einen Sinn? Ein armseliger Mensch steht mit seinen Wünschen und Bitten den Plänen eines unendlich fernen Gottes gegenüber. Im unmeßbaren All geht alles seinen Gang und ein Mensch bittet um Brot, Gesundheit, Liebesglück. Ist es nicht vermessen, zu meinen, daß Gott den Gang der Dinge nur ändert, um des Brotes, der Gesundheit, des Liebesglückes eines einzelnen willen? Und wenn ein ganzes Volk um Regen bittet oder um Frieden? Ist es da nicht genau so vermessen, zu meinen, er greife in die Speichen des Schicksalsrades?

Ich denke lange darüber nach und komme an kein Ende. Haben nicht die Philosophen recht, die Meditation und Kontemplation für Übungen halten, die dem Menschen nützen, für die aber das Bittgebet völlig sinnlos ist? Wie gesagt, ich komme an kein Ende, bis mir das Telefongespräch der Nacht einfällt. Da wird mir klar, ich glaube daran und darf darauf vertrauen, daß mir einer zuhört. Danke.

Tiere

Anonyme Briefe lese ich grundsätzlich nicht. Etwas anderes war es mit einer offenen Karte, auf der mir eine Frau folgendes schrieb: „Was tut die Kirche für die Tiere? – Eine Fragende."

Mein Gott, denke ich, wir sind mit den Problemen des Menschen nicht fertig geworden, mit dem Hunger, mit der Überbevölkerung, mit der Ungerechtigkeit. Und jetzt noch die Tiere? Im gleichen Augenblick kommen mir die fürchterlichen Bilder des Fernsehens in den Sinn, die von den mörderischen Tiertransporten quer durch Europa bis in den Nahen Osten berichten.
Am gleichen Tag lese ich das Gebet des Franziskaners Richard Rohr: „Gott, du hast dich auf ein riskantes Glücksspiel eingelassen, als du uns Menschenwesen den Auftrag gabst, diese Erde zu hegen und zu pflegen. ... Du hast uns weiterhin geliebt, obwohl wir nicht immer uns selbst und unsere Brüder und Schwestern geliebt haben, und auch nicht die vielen Tiere, mit denen wir den Planeten teilen sollten, die Pflanzen, das Wasser, die Luft. Geduldiger Gott, wir bitten dich um Verzeihung."

Und dann kommt mir der Gedanke, daß einst am Thron Gottes viele Ankläger stehen werden, wenn wir Rechenschaft ablegen müssen über unser Leben. Die Hühner aus den Legebatterien könnten dabei sein, die auf den Transporten verdursteten Rinder, die ausgesetzten Hunde und Katzen... und die Millionen der Versuchstiere, die ihr Leben für Kosmetika qualvoll lassen mußten.

Totenhemd

Das Totenhemd hat keine Taschen, verkündet eine Volksweisheit. Dennoch tun viele Lebende so, als gäbe es für sie in dieser Sache eine Ausnahme oder mit dem Totenhemd, da hätte es noch seine Zeit. Deswegen raffen und scharren sie munter weiter zusammen.

Ein älterer Kollege bat mich, nach dem Tode sein Testamentsvollstrecker zu sein. Bevor ich diese Aufgabe annahm, sprachen wir über sein Vermögen. Als er mir die Auflistung der verschiedenen Konten und Papiere überreichte, war ich erschrocken. „Was willst du mit dem vielen Geld?" fragte ich ihn. „Man weiß ja nie!" war die dürre Antwort. Ich riet ihm dringend, mit „warmen Händen" wenigstens einen Teil des Vermögens loszulassen, aber ohne Erfolg. Da lehnte ich die Bitte, sein Nachlaßverwalter zu werden, ab.

Ein Millionär war gestorben. Ein stadtbekanntes Original besuchte die Hinterbliebenen und fragte ungeniert: „Wieviel hat er denn hinterlassen?" Die überraschten Erben antworteten: „120 Millionen." Das Original war offensichtlich mit der Auskunft nicht zufrieden, denn er fragte noch einmal: „Wieviel hat er hinterlassen." Die Erben meinten: „Es können auch 125 Millionen gewesen sein." Da sagte der närrische Mensch: „Nichts hat er hinterlassen, er hat alles zurücklassen müssen!"

Tourismus

Die Reiselust der Deutschen ist trotz der schwierigen Wirtschaftslage ungebrochen. Im Gegenteil: Gerade die Fernziele sind gefragt. Etwas erleben heißt die Devise. Und obwohl eine ganze Nation auf Reisen geht, immer weniger machen Erfahrungen. Denn Erfahrungen bleiben nicht an der Oberfläche, sie reichen in die tiefen der Seele und reifen in den Tiefen.

Zudem bedenken viele nicht, daß ihre Art und Weise den Erlebnishunger zu stillen, den Gastländern schadet. Von einem sanften, angepaßten Tourismus sind wir noch weit entfernt: „Tourismus ist Terrorismus" war in großen Lettern auf die Fassade eines Reisebüros gesprüht: Tourismus ist oft nur eine andere Form der Ausbeutung.

Erfahrungen werden uns nur in Begegnungen zuteil. Weil wirklich menschliche Begegnungen so selten sind, sind auch Erfahrungen so selten. Da kann einer die ganze Welt gesehen haben, erfahren hat er nichts. Zwei Dinge fehlen unserer Welt nicht: Zeit und Raum. Doch die meisten Reisenden haben keine Zeit für Begegnungen und die Besuchten oft keinen Platz, um menschenwürdig zu leben. So lange uns diese Welt nicht „heilig" geworden ist, wird die Zerrissenheit und damit die Zerstörung der Schöpfung anhalten.

Träume

Wer im Stau vor einer langen Baustelle steht und ungeduldig auf freie Fahrt wartet, der kommt eher ins Schwitzen als ins Träumen. Bevor aber meine Ungeduld und damit meine Aggression auf Touren kam, las ich den Aufkleber auf dem Wagen vor mir: „Nicht hupen! Fahrer träumt von…" Ich will nicht berichten, von was der Fahrer träumte; jedenfalls schaltete ich als erstes meinen Motor ab.

Dann kamen mir Fragen: Warum werden wir so aggressiv, wenn wir hinter dem Lenkrad sitzen und über 70 – 90 oder 120 PS verfügen? Wie oft haben wir es uns schon vorgenommen, ruhig und gelassen zu bleiben? Den anderen sein zu lassen, wie er ist. Es ihm oder ihr nicht unbedingt zeigen zu müssen, wer den stärkeren Wagen, wer die bessere Fahrweise hat. Und dann überholt uns einer in einer unpassenden Situation oder wir werden unerwartet aufgehalten, wie ich jetzt gerade, und schon ist es mit unserer Gelassenheit vorbei. Dabei schaden wir uns mit jeder Aufregung, mit unserem Ärger und mit aller Wut in erster Linie nur uns selber. Da wäre es in der Tat besser, von etwas Schönem zu träumen.

Hinter mir hupt einer. Die Ampel hat bereits auf Grün geschaltet und es geht weiter. Aber ich ärgere mich nicht über das Hupen und winke meinem Hintermann freundlich zu. Der grüßt ebenso freundlich zurück; und wir beide sind offensichtlich zufrieden.

Treue

Manchmal ist es hilfreich, der Sprachgeschichte eines Wortes nachzugehen. Das gilt dann besonders, wenn ein Wort sich abgenützt hat oder unbrauchbar geworden ist. Die „Liebe" und die „Treue" gehören zu solchen gefährdeten Worten. Durch den inflationären Gebrauch haben sie ihren Wert verloren.

Treue ist verwandt mit Trost; aber auch mit dem englischen „tree", Baum und mit „Teer". Zusammenhalten wie „Pech und Schwefel" ist genauso rar geworden wie echter Trost. Meist läuft es nur auf billige, weil unverbindliche Vertröstung hinaus. Trost aber bedeutet Begleitung. So wie Treue auch. Wenn die Treue zweier Partner nur im sexuellen Bereich gesehen wird, bleibt sie sehr dürftig. Treue bedeutet, den eigenen Weg mit einem anderen zu teilen. Wer den Partner an der eigenen Entwicklung teilhaben läßt und dessen Entwicklung dabei nicht im Wege steht, der erweist sich als treu.
Dann kann einer zum anderen fest stehen wie ein Baum. Er ist in dem Ja verwurzelt, das er einmal gegeben hat. Dabei ist es gleichgültig, ob dieses Versprechen einst in feierlicher Form oder im stillen Einvernehmen gegeben wurde. Wahrer Trost kann nur von einem treuen Menschen kommen.

Umkehr

Wir gebrauchen Redensarten wie das tägliche Brot. Wenn wir einmal auf alle überlieferten und oft gebrauchten Formeln verzichten müßten, ich schätze, es sind so an die 100, hätte die Welt sich nichts mehr zu sagen.

Da ist zum Beispiel der Rat: „Machen Sie ruhig so weiter". Wer diesem Rat etwa folgen wollte, der käme, auch nach der Meinung des Ratgebers, sehr schnell an Grenzen, nach denen eben nichts mehr weitergeht.
Die erste große Versuchung des Menschen beginnt – nach der Schöpfungsgeschichte in der Bibel – mit einem ähnlich zweideutigen Wort: „Euch werden die Augen aufgehen..." (Gen 3,5). Im biblischen Bild sagt die Schlange zu den Menschen: „Macht ruhig so weiter", verschweigt aber, „wenn ihr zugrunde gehen wollt!".
Merkwürdig! Wie unter einem Gesetz geistlicher Schwerkraft sind wir bereit, einen einmal eingeschlagenen Kurs weiterzuverfolgen, auch wenn wir spüren, daß er in die Irre geht. Lieber vertrauen wir auf das Lob eines Schmeichlers, als auf den kritischen Rat eines Freundes. Das Soweitermachen ist ganz einfach leichter.

Jesus beginnt die Verkündigung des Reiches Gottes mit dem Aufruf: „Kehrt um!" (Mk 1,15). Es kann eben nicht ruhig so weitergehen wie bisher, wenn die befreiende Botschaft von Gott bei dem Menschen wirksam werden soll.
Machen Sie ruhig so weiter! Dieser Rat, den wir manchmal auch uns selber geben, sollte uns mißtrauisch machen, zumindest nachdenklich darüber, ob der Weg, den wir gerade gehen, wirklich richtig ist.

Unbekannt

Jede Nation hat ein „Grabmal des Unbekannten Soldaten". Dort legen die Politiker jährlich ihre Kränze nieder; dort brennt die ewige Flamme bis zum nächsten Krieg. Viele Tausend haben hinterher nicht einmal mehr einen Namen, obwohl sie auf dem „Felde der Ehre" für das Vaterland gefallen sind. Da war die Erde schon barmherziger; sie hatte wenigstens ein Plätzchen für all die Namenlosen. Alle die Getöteten starben für die Freiheit ihres Landes; sie starben für den Frieden und für die Sicherheit ihrer Kinder. Die übernahmen oft schon in der nächsten Generation die Aufgabe und den Tod der Väter.

Es wird höchste Zeit ein „Denkmal des Unbekannten Entwicklungshelfers" oder des „Namenlosen Zivildienstleistenden" zu errichten. Kriegerdenkmäler haben wir im Lande genug. Sie wurden zur Mahnung der Lebenden errichtet, aber sie haben nicht begriffen. Laßt uns endlich Friedensdenkmäler errichten, auch auf die Gefahr hin, daß die Lebenden wieder nichts begreifen.

Hanns-Dieter Hüsch, der Kabarettist, der die Idee zu einem „Denkmal des Unbekannten Zivildienstleistenden" hatte, schrieb, und seine Zeilen sind wie ein Gebet: „Ich stehe unter Gottes Schutz, er läßt mich nicht ins Leere laufen, und macht aus mir keinen Kriegsknecht, sondern so wie ich bin, bin ich sein Mensch. Ich suche den Frieden und will mich nicht ausruhen, ihn mit allen zu finden, die noch unter den Waffen stehn, anzuzünden die Erde, die nicht hohl ist, sondern Gottes Herz."

Unglaube

Einem Mann, der im Gasthaus des Nachbarortes gemütlich sein Bier trank, wurde von Neuankömmlingen gesagt: „Gerade ist dein Haus abgebrannt!" – „Unmöglich", erwiderte er: „Ich habe den Hausschlüssel in der Tasche!"

Da setzt einer sein ganzes Vertrauen auf eine tote Sache. Das ist der wahre Unglaube. Gott wird nicht größer oder kleiner davon, ob einer glaubt. Der Mensch verliert, wenn er nicht glaubt; er gewinnt, wenn er glaubt, was diese kleine Geschichte beweisen will:

Ein Mann wurde ungerechterweise von einem Despoten zum Tode verurteilt. Der Verurteilte verwickelte den Tyrannen in ein Gespräch und sagte: „Wenn ihr mein Leben schont, dann sorge ich dafür, daß euer Pferd innerhalb eines Jahres fliegen kann." – „Es gilt!" sagte der Despot: „Aber wenn das Pferd nach einem Jahr nicht fliegt, wirst du dein Leben verlieren." Die Angehörigen fragten den Freigelassenen voller Sorge, wie er in Jahresfrist sein Versprechen einlösen wolle. Der antwortete schlicht: „Alles liegt in Gottes Hand. In einem Jahr kann ich sterben oder der Tyrann. Vielleicht kann auch das Pferd fliegen? Wer weiß das heute schon?"

Unverdient

Was mir den Valentinstag so sympathisch macht, ist der Brauch, der sich in den letzten Jahren auch bei uns herausgebildet hat: einem Menschen, dem man gut ist, eine Kleinigkeit zu schenken. Er soll wissen: Da ist einer, der hat dich lieb. Zum Weihnachtsfest haben wir allerlei Rücksichten zu nehmen: es ist leider ein Geschenkfest auf Gegenseitigkeit geworden. Auch für den Geschenkmechanismus zu einem Geburtstag gibt es unausweichliche Regeln. Aber St. Valentin macht es möglich: Man kann eine winzige Kleinigkeit verschenken, eine Blume, ein Stofftierchen, einen bunten Anstecker... Beim Empfänger ist die Wirkung „wie an Weihnachten", vielleicht sogar intensiver, weil kein Gegengeschenk erwartet wird.

Das ist eigentlich schon das ganze Geheimnis des richtigen Schenkens: ich werde von einem lieben Zeichen überrascht, das ich mir nicht „verdienen" mußte. Ich bekomme ganz einfach etwas geschenkt. Das erinnert mich daran, daß fast alles, was wir für unser Leben nötig haben, letztlich Geschenk ist: die Luft, der Himmel, die Liebe, die Geborgenheit. Ich bekomme eine Kleinigkeit geschenkt; der materielle Wert ist gleich Null. Weil aber im Geschenk die Liebe des anderen steckt, hat das kleine Zeichen eine großen Wert. Deswegen können Blume, Stofftierchen oder Anstecker so glücklich machen.

Und noch ein letztes: Diese Kleinigkeit zwingt nicht dazu, groß und lange über eine Gegenleistung nachzudenken; zu überlegen, wann und wie ich am geschicktesten zu einem Ausgleich kommen werde. Es genügt, wenn ich mich ganz einfach freue...

Urteil

Die Bibel liefert uns einen reichen Schatz an Empfehlungen, die unser Zusammenleben erleichtern können; einfach Worte aus dem Mund Erfahrener, aber wir halten uns nur selten daran. Jesu Rat: „Richtet nicht, damit ihr nicht gerichtet werdet!" gehört dazu.

Wir haben schnell unser Urteile über andere gesprochen. Die üblichen Vorurteile helfen uns dabei. So sagen wir: „Schließlich kennt man seine Eltern!" Oder: „Sie stammt aus keinen guten Verhältnissen!" Und auch: „Was können wir von einem Ausländer anderes erwarten?" Machen wir innerlich einmal die Probe auf's Exempel: Wer von uns möchte im Ernstfall wirklich den Richter spielen. Ich stelle mir das als sehr schwer vor: Was muß da alles bedacht sein, bis ein gerechtes Urteil zustande kommen kann! Es wird in den seltensten Fällen gelingen, alle Hintergründe aufzudecken, die für oder gegen einen Menschen und seine Taten sprechen.

Deswegen versuche ich schon, mit meinen Vorurteilen sehr vorsichtig umzugehen. Lieber versuche ich es, mich in die Lage des Betroffenen zu versetzen und für ihn, wie es in der Gerichtssprache heißt „mildernde Umstände" zu finden. Schon allein deswegen, weil auch ich ständig darauf angewiesen bin, daß andere für mich „mildernde Umstände" erkennen können. Jesus, der ungerecht zum Tode verurteilt wurde, sagt: „Wer nicht richtet, der entgeht dem Gericht Gottes."

Übung

Loslassen, das gehört zu den schwersten spirituellen Übungen, die uns unter Umständen ein Leben lang beschäftigen können.
Ein geistlicher Lehrer rät, ein Kinderspiel aufzugreifen, das Holz- und Rindenstückchen den Bach hinunter gleiten läßt. Stellen Sie sich mit geschlossenen Augen vor: Sie sitzen am Ufer eines großen Flusses, auf dem Boote und Schiffe vorübergleiten. Jedem dieser Fahrzeuge vertrauen wir etwas an, was wir für uns festhalten möchten. So könnten wir das eine Boot benennen „Die Angst, die ich vor ... habe". Dann kommt das Schiff „Der Neid über den Erfolg des Nachbarn" oder „Die Sorge um meinen Partner". Jedesmal sagen wir uns: „Das brauche ich nicht mehr." „Das will ich nicht." „Das bin ich nicht mehr." „Das lasse ich los." Es kann durchaus sein, daß manche dieser Schiffe gegen den Strom zurück schwimmen. Dann haben wir nicht richtig losgelassen und unser geistliches Spiel beginnt von neuem.

Gleichzeitig lassen Sie den Fluß an ihrem inneren Auge weiterströmen. Zum Loslassen kommt dann noch die Beruhigung, die ihnen gut tun wird. Wiederholen Sie diese Übung einige Tage hintereinander, bis die beladenen und belastenden Schiffe am fernen Horizont und damit aus ihrem Leben verschwunden sind.

Vater

Richard Rohr, der amerikanische Franziskaner, ist für mich einer der großen spirituellen Lehrer unserer Zeit. Er erzählt diese erschütternde Geschichte; er hatte sie von einer Schwester, die in einem Gefängnis in Lima ihren Dienst tat: Kurz vor dem Muttertag baten die Häftlinge sie dringend um Muttertagskarten. Die Schwester konnte kaum die vielen Karten organisieren, damit jeder seiner Mutter schreiben konnte. Als der Vatertag nicht mehr weit war, wollte sie rechtzeitig vorsorgen und stellte einen ganzen Karton Karten in ihrem Büro bereit. Aber kein einziger Gefangener habe nach einer Vatertagskarte gefragt, berichtete die Nonne.

Für all die Männer bedeutete die Mutter viel; der Vater nichts? Die Güte und die Wärme einer Mutter ist so groß, daß sie selbst die Gefängnismauern durchdringen kann. Der Vater fällt aus. Nicht nur in Lateinamerika; das ist auch in unserer Gesellschaft leider so. Und nicht nur in Lateinamerika, auch bei uns, wäre die Kriminalität geringer, wären die Gefängnisse leerer, wenn die Kinder Väter hätten, die sie bewußt und verantwortlich ins Leben einführen. Wer keinen Vater hat, entwickelt eine falsche Männlichkeit, die sich vor allem in Gewalttätigkeit entlädt. Die „fahnenflüchtigen" Väter, denen Beruf, Verein und Hobby wichtiger sind, stellen ihre Kinder ins Abseits, oder mit einem Bein ins Gefängnis.

Veränderung

„Wer sich bekehrt, war nichts wert!" Mit einem so billigen Wort können beste Vorsätze schnell und schmerzlos erledigt werden. Was soll das heißen, „war nichts wert"? Ist der etwas Besonderes, der grundsätzlich nicht über sich und seinen Weg nachdenkt, der sich keiner Kritik stellt und deswegen auch keinerlei Anlaß sieht, sich zu ändern?
„Warum ich mich geändert habe", so hieß in den siebziger Jahren eine Sendereihe. Bekannte Persönlichkeiten standen dabei zu ihren Fehlern, die sie gemacht hatten, sie bekannten sich aber auch zu ihren neuen Einsichten und begründeten damit ihre Veränderung. Einer von ihnen beschrieb seine Entwicklung so: „Heute bin ich 49. Mit 29 waren Religion, Politik, Sexualität drei getrennte Reiche. Mit 49 halte ich die drei für innerlich zusammengehörig" *(Günther Nenning, geb. 1921, Wien).* Ein anderer urteilte über sich: „Zuerst begann ich mich, vielleicht aus christlichen Gründen, für den Marxismus zu interessieren, dann später aus innerlich marxistischen Gründen für das Christentum" *(Milan Machovec, geb. 1925, Prag).*

Es ist merkwürdig, warum Vielen Veränderung, Bekehrung so verdächtig sind. Gleichbleiben wird mit sich treu bleiben verwechselt, Meinungsänderung als Schande angesehen; Einsichten in einen falschen Weg als Schwäche denunziert. Oder ist es vielleicht doch nur die Bequemlichkeit, die uns an einem Neuanfang hindern will?
Der Aschermittwoch macht für alle, die wollen, einen großen Einschnitt in den Jahreslauf; er schenkt die Chance, sich zu ändern, sich zu bekehren. Wer sich der Bezeichnung mit dem Aschenkreuz stellt, hört den Anruf: „Bekehre dich und glaube an das Evangelium!" Heute anders denken und handeln als gestern ist keine Schande, sondern Kennzeichen eines lebendigen Lebens.

Vergebung

„Das kann ich mir nie und nimmer vergeben." Der junge Mann war zutiefst erschüttert. Obwohl er erst drei Jahre verheiratet war und seine Frau ihr erstes Kind erwartete, hatte er sie in einem kurzen Abenteuer betrogen. Wir redeten miteinander und ich fragte den Verzweifelten, wie er handeln würde, wenn seiner Frau „so etwas passiert wäre"? – „Ich würde sie sofort verlassen!" lautete seine spontane Antwort.

Das war es: Der „Ehebrecher" konnte sich nicht vergeben, weil er auch seiner Frau nicht vergeben würde. Der Teufelskreis war sozusagen geschlossen, denn wo es keine Vergebung gibt, gibt es auch keine Befreiung. Die Unfähigkeit, sich oder anderen zu vergeben, kann krank machen. Das ist heute unbestritten. Die Wut gegen sich und andere schlägt dann auf den Magen, greift die Nieren an oder bricht gar das Herz.

Vergebung trifft den einen wie den anderen in der Mitte, dort wo wir am liebsten ganz und gar gesichert wären. Sind wir schuldig geworden, dann sind wir auf die Vergebung des andern angewiesen, wir müssen uns ihm ausliefern. Ist der andere schuldig, müssen wir einen Trumpf loslassen, den wir gegen ihn in der Hand haben. Nicht zufällig beten wir deswegen im Vaterunser: „Vergib uns unsere Schuld, wie wir vergeben unsern Schuldigern." Das bedeutet, die Vergebung ist für unser Leben so wichtig, daß Gott selbst dahinter steht und sich verbürgt.

Verharmlosung

„Das ist doch alles halb so schlimm!" Eine merkwürdige Behauptung, die wir gern und oft gebrauchen. Was heißt eigentlich „halb so schlimm"? Für den Betroffenen, dem zum Trost ein solcher Satz gesagt wird, scheint die Angelegenheit wirklich schlimm zu sein; wie will ein Außenstehender entscheiden, ob es nur halb so schlimm ist?
Es gibt viele schlimme Dinge in unserem Leben: Da meldet meine Firma überraschend Konkurs an und ich hatte diesen Arbeitsplatz für sicher gehalten. Da zieht der Partner ohne ein klärendes Wort aus der Wohnung aus und ich hatte auf seine Treue gebaut. Da liegt das jüngste Kind im Krankenhaus und die Ärzte sprechen von seinem kritischen Zustand. Das soll alles halb so schlimm sein?
Gewiß: Ein vom Unglück getroffener Mensch sieht nur noch sein Problem; selbst wenn es eine Lösung gäbe, kann er sie oft nicht erkennen. Da muß dann einer kommen, für den alles „halb so schlimm" ist. Aber nicht, um zu verharmlosen oder zu vertuschen, sondern um mitzutragen.

Nur wer annimmt oder mitträgt, kann Probleme lösen. So hat es Jesus gemacht: Da war nichts „halb so schlimm". Er hat jeden Menschen ernst genommen und auf das Übel in seinem Leben angemessen reagiert: Mit einem helfenden Wort, mit einem liebenden Blick, mit einer strafenden Geste, mit einer klaren Forderung, mit einer herzlichen Umarmung... Weil er den Menschen und seine Nöte ernst nahm, hat Jesus die Dinge nicht etwa „halb so schlimm" gemacht, er hat sie ganz und gar gelöst und ins rechte Lot gebracht. Wir können das übrigens auch.

Verschwendung

Bei meinem Aufenthalt in Peru wurde ich bei den Freunden meines Freundes herumgereicht. Da waren begüterte Menschen darunter aber auch ärmere und arme. Überall machte ich die gleiche Erfahrung: Mal wurde ein Huhn geschlachtet, ein andermal ein Schwein. Bei den ganz Armen schwammen drei Hühnerbeine in meiner Suppe, während sich meine Gastgeber drei weitere zu sechst teilten.

Das hat nicht nur etwas mit Gastfreundschaft zu tun. Gerade die Armen in den Slums haben einen erstaunlichen Hang zur Verschwendung. Was ich als Gastgeschenk mitgebracht hatte, wurde schnell unter allen, auch unter den Nachbarn verteilt. Und als einmal in einem großen Kessel eine dicke Suppe gekocht worden war, wurden so viele Leute zum Essen gebeten, bis der letzte Löffel in den Mägen verschwunden war.

Wo wir auf Vorratshaltung setzen, auf Einfrieren und Einkochen, setzen die Armen Lateinamerikas auf Großzügigkeit und Verschwendung. Wer einfriert und einkocht, bleibt in seinen vier Wänden. Wer austeilt, öffnet sein Haus oder geht hinaus wie im Gleichnis Jesu „an die Hecken und Zäune". Wir kapseln uns ab und wundern uns darüber, wenn wir immer einsamer werden. Die Armen wissen, wer austeilt, wird wieder bekommen. Die Verschwendung rentiert sich; sie schafft Gemeinschaft.

Verständnis

„Ich habe Gott noch nie gehört!" klagte ein Mensch, der sich gegen seine Ängste und seine Zweifel ein deutliches und erlösendes Wort wünschte. „Gott schweigt", stellte er enttäuscht fest und blieb weiterhin mit seinen Schwierigkeiten allein.

Ich mußte bei dieser Klage, die gar nicht so selten zu hören ist, an die Verfasser der Heiligen Schrift denken; an Männer und auch Frauen, die Gott auf eine besondere Weise gehört haben und davon Zeugnis ablegten. Weil sie nicht ständig mit ihren Fragen beschäftigt waren, haben sie auf Gott gehört und verstanden, was für ihr Leben wichtig war. Ich bin dankbar, daß sie ihr Verständnis von Gott für uns aufgeschrieben haben. Was sie aufgeschrieben haben, ist wirklich „heilige Schrift". Ihr Verständnis von Gott bestärkt meinen eigenen Glauben, wenn ich sehe, wie andere mit Freude und Leid, mit Trauer, mit Enttäuschung und Glück fertig geworden sind. Allein dadurch, daß sie zu verstehen suchten.

Solche Menschen haben auch Verständnis für die Nöte anderer. Sie können hinhören und zusehen und daraus ihre Konsequenzen ziehen. Wer auf einen anderen hört, verknüpft sein Leben mit dem seinen, und kann ihm dann auch etwas sagen.

Vertrauen

Alle Formalitäten, die auch für eine kirchliche Trauung wichtig sind, waren erledigt und wir plauderten noch ein wenig miteinander über die Vor- und Liebesgeschichte des Paares. Anja hatte Bernd bei einem Motorradfahrer-Treffen kennengelernt und war schon am gleichen Tag auf seine Maschine umgestiegen.
Bernd erzählte, wann es bei ihm wirklich „gefunkt" hatte. Auf der Autobahn zwischen Nürnberg und München waren sie nur durch ein gewagtes Manöver aus einer gefährlichen Situation heil herausgekommen. Auf dem nächsten Parkplatz machten sie Rast, um sich zu entspannen. „Und du hattest kein bißchen Angst?" hatte Bernd sie nach überstandenem Schrecken gefragt. „Nein, dir kann ich doch vertrauen!" war ihre Antwort. „Und das war für mich die stärkste Liebeserklärung", sagte Bernd.

Vertrauen können, bei jemand aufgehoben und geborgen sein: das sind Erfahrungen, die uns glücklich machen. Glücklicher als vieles andere, was sonst als Glück angepriesen wird. Dieses Vertrauen kann eine Freundschaft begründen, eine Partnerschaft festigen, kann das Leben leichter, liebenswerter machen.
Es ist schön, wenn wir Menschen vertrauen können, weil wir dann besser verstehen, was es heißt: auf Gott sein ganzes Vertrauen setzen. Mehr noch: Selbst wenn uns Menschen grausam enttäuschen sollten, Gott verläßt uns nicht. Bei ihm sind wir auch dann noch – oder erst recht geborgen!

Verwandlung

Von Sippe zu Sippe wird ein uraltes Zigeunermärchen erzählt: Der liebe Gott kommt zu einem völlig verzweifelten Mädchen, von dem die Stiefmutter Unmögliches verlangt hat; es solle weiße Wolle so lange waschen, bis sie schwarz sei. Gott tröstet das Mädchen auf seine Weise. Er bittet: „Lause mich!" Das Mädchen streichelt zärtlich sein Haar und beginnt nach Läusen zu suchen. Schließlich fragt Gott: „Was hast du in meinem Haar gefunden?" – „Nur Silber und Gold", antwortet das Mädchen. „Davon wirst du leben können für lange Zeit", sagte Gott und ist verschwunden.

Diese Geschichte zeigt einen Gott, wie wir ihn uns nicht vorstellen können. Weisheit, Gerechtigkeit, Macht, das sind Eigenschaften Gottes. Aber Zärtlichkeit?
Und wir selber? Obwohl wir von der Zärtlichkeit leben, scheuen wir uns davor „zärtlich" genannt zu werden. Das klingt uns zu sehr nach „weich" und „nachgiebig".
Wir wissen aber auch: je gewaltfreier und zärtlicher Eltern auch vor den Augen und Ohren ihrer Kinder miteinander umgehen, desto unbefangener können junge Menschen zur Zärtlichkeit finden.
In der Zärtlichkeit liegt eine große, den ganzen Menschen verwandelnde Kraft: wer einem zärtlichen Menschen begegnet, kann seinen vorsorglich gebauten Schützengraben verlassen; kann alle Waffen ablegen, die in unserer Gesellschaft für den Überlebenskampf eingesetzt werden: Vorsicht, Vorurteile, Verschlossenheit, Vergeltung…
In der Auseinandersetzung um einem Gegner bleibt der Zärtliche letztlich unschlagbar; er wird vielleicht verwundet, überwunden wird er nicht.

Verweigerung

Gestern ist mir eine Kirchenaustritts-Erklärung auf den Schreibtisch geflattert. Die geht sinnigerweise den bürokratischen Weg vom Standesamt über das Kirchensteueramt zum Pfarramt. Aber ich bin jedesmal ganz persönlich betroffen, wenn ein Mitchrist erklärt: Da mache ich nicht mehr mit! Hinter jedem Papier steckt schließlich Leben, steht ein Mensch. Er hat für sich und seine Umgebung einen Schlußpunkt gesetzt hinter eine lange Zeit der Entfremdung.

Da machen wir nicht mehr mit! Diese Worte bekam auch Jesus zu hören, als in einer kritischen Stunde der Entscheidung viele Jünger nicht mehr mit ihm gehen wollten. Sie erklärten: Bis hierher und nicht weiter!, weil sie sich schon lange innerlich von ihm gelöst hatten. Er entspricht nicht ihren Erwartungen. Die Entscheidung war konsequent.

Ich frage mich: Welche Erwartungen an die Kirche, an uns Christen hatte der, der da ausgetreten ist? Wodurch wurde er enttäuscht? Oder hatte er sich selbst getäuscht?
Eines ist sicher: Ein Kirchenaustritt erfüllt weder die Erwartungen, noch beruhigt er die Enttäuschungen. Eher ist das Gegenteil der Fall: denn, wer „draußen" ist, kann „drinnen" nicht mehr mitbestimmen. Er kann nicht mehr daran mitarbeiten, daß seine Erwartungen an Religion, an Christentum und Kirche vorankommen oder erfüllt werden. Vielleicht hat es gerade an dieser Mitarbeit gefehlt?

Verzweiflung

Vor einer Stunde war ich in Bayern 3 mit „Auf ein Wort" zu hören. Um Mitternacht kam sein Anruf. Ich hätte sein Leben gerettet, sagte er mir am Telefon. Ich war überrascht. Unsicher. Sprachlos. Bis er mir erklärte: Auf dem Weg zur Brücke, von der er sich stürzen wollte, habe er noch einmal Nachrichten hören wollen. Da habe er zufällig den letzten Satz der Nachtgedanken mitbekommen: „Tu's nicht!" Er habe innegehalten und sei umgekehrt.

Ich habe es in dieser Nacht nicht gewagt, dem Verzweifelten zu gestehen, daß diese Aufforderung „tu's nicht!" in einem ganz anderen Zusammenhang stand. Deshalb sagte ich dem Selbstmordkandidaten in einem langen Nachtgespräch: „Sie wollten sich das Leben nehmen! Haben Sie schon einmal darüber nachgedacht, wie positiv dieses Wort sein kann? Sich das Leben nehmen, heißt doch auch, mit aller persönlicher Kraft, mit neuem Mut und Selbstvertrauen das Leben in die eigenen Hände nehmen, statt es wegzuwerfen."

Wem allerdings durch seine tiefe Verzweiflung die Sicht dafür versperrt ist, der sollte sein Vertrauen aus den Händen dessen nehmen, der unser aller Leben in der Hand hat und der uns ein hilfreiches Wort schickt, wenn wir nur hören wollen, so wie in dieser Nacht: „Tu's nicht!"

Visionen

„Ich kann das Wort ‚Vision' schon nicht mehr hören!" Der Satz eines Bischofs hat mich betroffen gemacht. Denn das Wort aus dem biblischen Buch der Sprichwörter klang mir zu nachdrücklich in den Ohren: „Ein Volk ohne Visionen geht zugrunde." Gilt das nicht auch, gilt das nicht gerade für die Kirche?

Das Bibelwort geht in die Zeit des Königs Salomo zurück, ist also 3000 Jahre alt. Das Reich Israel war in seiner Hochblüte. Die Politik sah sich am Ziel; da brauchte man keine Visionen mehr. Mit dieser Fehleinschätzung begann die Katastrophe: Ein Volk, das nicht mehr weiterschaut, das selbstzufrieden geworden ist, hat keinen Schwung mehr. Es läuft sich aus und verläuft sich. Visionen sind Leitideen hinter denen Gott selber steht. Im Laufe der Geschichte gab es ganz unterschiedliche Visionen, die diesen Namen eigentlich nicht verdienen: Die Römer hegten die Vision einer Weltherrschaft; die Nationalsozialisten hatten die Vision eines Tausendjährigen Reiches. Heute entwickeln Konzerne Visionen, um auf dem Weltmarkt zu bestehen. Nur Christen sollen keine Visionen haben?

Unsere Bischöfe sind ganz nachdrücklich nach ihrer Vision zu befragen. Denn nur Visionen führen zu den Quellen und Wurzeln zurück. Erst dann gelingt es der Kirche wieder, in der Welt Profil zu zeigen und sich als Alternative zur allgemeinen Resignation anzubieten.

Vorsatz

Der Weg zur Hölle ist mit guten Vorsätzen gepflastert, heißt es. Was ist es eigentlich, was uns in der Regel scheitern läßt? Ist es unsere Unfähigkeit, uns zu ändern? Ist es unsere Bequemlichkeit, eine neue, andere Gangart einzuschlagen? Ist der Sog des Gewöhnlichen, des Eingefahrenen, des Alltäglichen, der uns nicht entrinnenläßt?
Jedenfalls geht es mir so am Ende eines Tages, gegen Ende der Fastenzeit, am Ende eines Jahres: Vieles, von dem, was ich mir vorgenommen habe, ist mißlungen. Was in blumigen Worten angepriesen wird, was ich selber in Predigten sage, wenn von Umkehr, Sinnesänderung, Wandlung, Neuanfang gesprochen wird, es ist alles bald verwelkt und verdorrt.

Wie ändert Jesus die Menschen? Wie bringt er es fertig, daß der reiche Oberzöllner das Vergangene in Ordnung bringt und sein Leben neu ausrichtet? Jesus ändert die Menschen, indem er sie einlädt, indem er sich einlädt und mit ihnen zu Tisch sitzt. Da fällt es mir wie Schuppen von den Augen: Statt sich große Vorsätze zu machen, sollten wir die Wandlung gemeinsam angehen. Also miteinander fasten und miteinander fröhlich sein; zusammen mit Freunden einen Monat auf Alkohol verzichten und dann mit ihnen auch das „Fastenbrechen" feiern; miteinander ein festliches Mahl halten und zusammen ein Projekt in der Dritten Welt unterstützen.

Wachstum

Die Bäume wachsen nicht in den Himmel, und das ist gut so. Sie würden uns sonst die Sonne wegnehmen. Die derzeitige Wirtschaftspolitik formuliert es so: „Wachstum ist zwar nicht alles, aber ohne Wachstum ist alles nichts. Jeder einigermaßen vernünftige Mensch fragt sich: Wie lange kann das noch gut gehen? Gäbe es auf der ganzen Welt prozentual so viele Autos wie in Deutschland, die Klimakatastrophe wäre perfekt. Schon jetzt geht unser Wohlstand auf Kosten der Mehrheit der Menschen. Jetzt sind die Industrieländer drauf und dran, ihr Wachstumsmodell zu exportieren: Nur der Mensch ist fähig, seine Lebensgrundlage zu zerstören, um seine Lage zu verbessern.

Zurück zur Vernunft heißt heute zurück zur Natur, also möglichst wieder in natürlichen Kreisläufen zu leben; so viel zu verbrauchen wie nachwachsen kann. Das erfordert ohne Frage einen einfacheren Lebensstil. Viele wären dazu bereit. Es müßten ihnen nur die alternativen Wege gezeigt werden. Dazu scheinen derzeit nur religiöse Menschen in der Lage zu sein; Menschen, die ihre Verantwortung nicht aus der Welt, sondern von Gott her für die Welt beziehen. Wer die blinde Wachstumsspirale beenden will, muß sich zuerst zur Schöpfung bekehren, die das Werk Gottes und nicht das Werkzeug des Menschen ist.

Waffen

Die Waffen für die Kriege und Bürgerkriege liefern die Großmächte aus Ost und West. Die Kleinen vergießen ihr Blut. Seit den beiden großen Weltkriegen sind es die kleinen Kriege, die stellvertretend geführt werden; die Großmächte verteidigen ihre Zukunft an den Rändern der Welt.
So nebenbei probieren sie ihre Waffen aus. Oder, um es ein wenig edler auszudrücken: Durch die Produktion immer besserer Waffen schaffen und erhalten sie Arbeitskräfte im eigenen Land. Sie verteilen ein Brot, das mit Blut bezahlt werden muß. Der tiefste Grund für alle Waffengänge ist die Habgier auf der einen Seite und die soziale Not auf der anderen. Es wäre ein leichtes, mit den Rüstungsgeldern die Not zu lindern und zu überwinden. Damit wäre ein Grund für den Krieg aus der Welt geschafft.

Gegen die Habgier hilft nur die Bekehrung der Herzen. Die setzt dort an, wo der Mensch beginnt, loszulassen. Die wahre Freiheit und Unabhängigkeit besteht dort, wo Menschen den Dingen unserer Welt gegenüber Gelassenheit zeigen können: sie müssen nicht alles haben, was zu haben ist.

Wahrheit

Obwohl keiner von uns ein Narr sein möchte oder ein dummer Mensch, einmal im Jahr schlüpfen wir ganz gerne unter die Narrenkappe; einmal wenigstens möchten wir anders sein als sonst, einmal tun und lassen, sagen und handeln können, wie wir es wollen. So ganz frei heraus, spontan, unüberlegt. Aber natürlich immer auch so, daß uns daraus kein Nachteil erwächst, deswegen ist für uns die Narrenkappe, die Maske so wichtig.

„Jeder Mensch hat einen Narren im Ärmel", sagt ein Sprichwort aus England. Bei uns gibt es ein anderes, oft gebrauchtes Wort: „Kinder und Narren sagen die Wahrheit". Vielleicht ist der verborgene Wunsch nach Wahrheit der eigentliche Sinn der Maskerade, der Narretei und des Faschingstreibens, das in unserem Land eine so lange Tradition hat. Einmal möchten wir alles herauslassen, was in uns steckt. Und dann stellen wir erschrocken fest, daß es nicht immer nur Wahrheit, nicht immer nur Gutes ist, was in uns schlummert. Der Fasching stellt uns vor die gleichen Aufgaben wie der gewöhnliche Alltag, wenn der Katzenjammer hinterher nicht größer sein soll, als die Entspannung und Freude. Und dennoch: Das Leben ist eben nicht nur Normalität, besteht nicht nur aus dem ewigen Gleichklang des Alltags, darf nicht einfach so mit den Jahren zerrinnen. Unsere Sehnsucht nach dem Herausspringen, unser Verlangen nach Mehr, obwohl wir gar nicht so recht wissen wovon eigentlich, zeigt uns, daß dieses Leben nicht alles gewesen sein kann. Es muß noch etwas kommen, was unser Glücksverlangen stillt, was unsere Lust ganz ausfüllt, was die Spannungen sinnvoll macht.

Christen nennen das, was kommen wird, Leben mit Gott; ein „Leben in Fülle". Auch von dieser Wahrheit wissen Kinder und Narren vermutlich mehr als nüchterne Menschen.

Wandlung

In einem Kloster herrschte seit einiger Zeit ein großer Unfriede. Ein böser Geist hatte die Brüder überfallen; keine Mahnung fruchtete. Die gegenseitigen Beschuldigungen, Angriffe, sogar Verleumdungen lähmten das Gemeinschaftsleben, so daß der Abt darüber sehr bekümmert war. In seiner Not besuchte er seinen Freund, der Abt in einem anderen Kloster war. Der hörte sich die Sorgen seines Mitbruders an und versprach, demnächst einen Besuch zu machen und die Mönche und das Kloster zu überprüfen. Er kam zu einem Zeitpunkt, da er seinen Freund außer Haus wußte. Dem ersten Mönch, dem er im Kreuzgang begegnete, vertraute er an: „Eigentlich wollte ich dem Abt persönlich eine ganz wichtige, geheime Nachricht ausrichten; aber ich habe keine Zeit, auf ihn zu warten. Bitte teile ihm folgendes mit: ‚In eurem Kloster lebt ein Bruder, in dem man Gott auf besondere Weise erfahren kann'". Sprach's und verließ das Kloster ohne jede weitere Erklärung.

Schlagartig änderte sich in diesem Kloster das Klima, weil jeder der Brüder im anderen Gott zu begegnen suchte.

Warum?

Gerade hat mich einer in seiner ganzen Verzweiflung angerufen. Das Gespräch dauerte fast eine Stunde und es drehte sich nur um die einzige Frage: „Warum?" „Warum läßt Gott das alles zu? Die schwere Krankheit meines Sohnes? Den gefährlichen Sturz meiner Frau? Meine eigene Not, Hilflosigkeit und Erschöpfung? Mein Glaube, der mir so fest und sicher schien, stürzt zusammen wie ein Kartenhaus."

Wir beten: „Vater unser..." . Wir wagen zu sagen, Gott ist zu uns wie eine sorgende Mutter. Wir lesen in der Schrift: „Bittet nur und es wird euch gegeben." Doch dann stellen wir fest, Gott ist eher ein Peiniger, denn ein Heiland. Er ist der große Schweiger. Ob er uns in unseren Nöten überhaupt hört? Ob es ihn überhaupt gibt? Alle diese Fragen und Vorwürfe hörte ich schweigend am Telefon an. Was sollte ich auch sagen? Ich wußte doch selber keine Antwort auf die vielen und auf das einzige Warum?

Von Karl Rahner ist das Wort überliefert, er werde sich nach seinem Tode, dann, wenn er Gott von Angesicht zu Angesicht gegenüber stehe, nicht nur fragen lassen. Er werde auch fragen: „Warum all das sinnlose Leid in der Welt?"
Ich hoffe sehr, daß der große Theologe eine Antwort bekommen hat. Um meinetwillen und um der vielen willen, die fragen, warum?, hoffe ich das.

Wegsuche

Viele Märchen und Geschichten haben als Grundmotiv die Wanderschaft. Es geht um Wegsuche, letztlich um die Sinnsuche. Wenn Menschen zu sich kommen wollen, müssen sie zuerst aufbrechen, große Wegstrecken zu überwinden und dabei Prüfungen zu bestehen. Eine kluge Frau deutete das so: „Es muß im Menschen ein großer Unruhestifter am Werk sein, der diesen Weg will, die Reifung, die Bewährung und am Schluß das gesuchte Schloß."

Manchmal kommen wir auf dem Weg zu ganz anderen Erkenntnissen, wie jene beiden Mönche, die ihr Abt mit einer Botschaft in ein weit entferntes Kloster geschickt hatte. Unterwegs jammerten und klagten sie über die Beschwerden des Weges, über die Hitze des Tages und die Kälte der Nacht. Zugleich quälte sie die Neugierde, welche wichtige Botschaft sie den fernen Brüdern zu überbringen hätten, derentwegen sie all die Strapazen ertragen mußten.
Schließlich erbrachen sie Brief und Siegel und lasen: „Denkt daran, Brüder, daß nicht nur ihr die Last des Weges tragt. Der Weg muß auch euch ertragen."

Wenn wir andere ertragen müssen, sollten wir zugleich daran denken, wie sehr wir getragen werden.

Wendezeit

Unsere Gesellschaft befindet sich in einem gewaltigen Umbruch und wir stehen mittendrin. Kein Wunder, daß auf allen Ebenen eine große Unsicherheit herrscht, denn bei vielen Entwicklungen, denken wir nur an die Gentechnik, haben die meisten von uns keine Vorstellung, wohin die Reise geht.

In dieser schwierigen Zeit um den Jahrtausendwechsel gibt die Kirche nicht gerade das beste Bild ab. Sie teilt nicht nur die Unsicherheiten und Ängste der Gesellschaft; sie muß zugleich den stillen oder protesthaften Auszug vieler Mitglieder sehen. Der Glaube verdunstet. Viele Werte gelten nichts mehr. Die Kirche ist in einer großen Verlegenheit. Wie soll sie sich an die Entwicklung der Welt anpassen und zugleich die alten Traditionen verteidigen.

Wer zurück blickt, muß in der Tat Angst haben, denn es scheint nichts mehr zu halten, was früher so sicher war. Wer aber vorwärts sieht, erblickt Neuland. Das neue Land ist nicht gut oder schlecht, nur weil es neu ist. Aber es trägt alle Chancen in sich. Deswegen ist nicht sofort die „Taufe" des Neuen wichtig, sondern die aufgeschlossene Begegnung. Das erfordert die Nähe, also das Sich-Einlassen auf das Leben, zugleich aber auch eine kritische Distanz. Wer Interesse hat, also dabei bleibt, und zugleich Abstand hält, bewahrt sich die Übersicht. Er sieht besser, wohin die Reise geht.

Werbung

Es klingt ein bißchen verrückt. Aber ich verfolge ganz bewußt die Trends der Werbung. Die Manager geben viel Geld aus, um die Trends zu entdecken. Ein Geld, das sich die Kirche sparen kann, wenn sie registriert, was der Werbewirtschaft wichtig ist. Die Werbung bringt es an den Tag: Personen der Kirche sind wichtig: Mönche und Nonnen empfehlen ein Bier; ein unübersehbares Kreuz in der Hand eines Rockers macht sich stark für den Genuß einer Zigarette.

Die Werbepsychologen haben die religiöse Grundbefindlichkeit des Menschen wieder entdeckt, die in der Kirche oft kein Echo mehr findet oder dort bereits abgegriffen ist. Wer will beim Gottesdienst noch etwas von „Reinheit" wissen; für ein bestimmtes Spülmittel wird genau dieses Wort eingesetzt und ein Teller (wie bei der Taufe) in Wasser eingetaucht. Autos werden in einer Art Schöpfungsakt dem staunenden Publikum vorgestellt; im Umfeld einer Hochzeit kann nur dieser Kaffee getrunken werden, wenn das Fest gelingen soll. Die Werbung geht auf die Grundbedürfnisse der Menschen ein, um damit Geschäfte zu machen. Frage: Warum geht die Kirche nicht auf die Grundbedürfnisse der Menschen ein, um ihnen den Weg zu zeigen?

Wetter

Ein Bergwanderer kam an einer Almhütte vorbei und fragte die Sennerin mit Blick auf die dunklen Wolken am Himmel: „Wie wird das Wetter?" Die Sennerin achtete kaum auf die Wolken und sagte: „Wie ich es gerne habe."

Es gibt Dinge, die können wir ändern und es lohnt sich, gegebenfalls alles daran zu setzen, etwas in unserem Sinne zu verändern. Es gibt Dinge, wie das Wetter, das können wir nicht ändern. Dann macht es wenig Sinn zu klagen und zu jammern. Das Wetter und manch andere Dinge müssen wir so annehmen, wie sie sind. Eines ist sicher, wer das Wetter nimmt, wie es ist, verbringt einen besseren Tag als einer, dem es zu heiß oder zu kalt, zu trocken oder zu stürmisch ist.

Wir können nicht immer bekommen, was wir uns wünschen. Deshalb sollten wir lernen – man kann es! – das anzunehmen und zu mögen, was wir bekommen. Schließlich gibt es in unserem Leben keinen Zufall. Alles, was uns widerfährt, hat seinen Sinn und seine Bedeutung, auch wenn wir es nicht gleich erkennen können. Wer einmal die Summe seines Lebens zusammenrechnet, der stellt erstaunt fest, daß vieles, was zunächst als Zufall angesehen wurde, ganz bewußt geschenkt wurde. Wenn wir lernen wollen, das zu mögen, was uns zufällt, sollten wir gleich morgen beim Wetter beginnen; eine Übung, die uns Tag für Tag möglich ist.

Witz

Witze sind wie Signale. Sie weisen auf Notlagen hin, auf Ängste, auf Defizite. Witze werden zur Entlastung erzählt; sie wirken lösend und erlösend, weil sie in einem befreienden Lachen enden. Deswegen sind gute Witze wie eine Medizin, sie sind der „Stuhlgang der Seele", hat einer formuliert. Der Witz durchschaut, gewollt oder nicht, auch den Hintergrund der Erzähler; er legt ihre eigenen Wunden bloß. Die Fülle der sexuellen Witze sind dafür ein Beweis. Aber auch die Witze, die über Politiker wie über Kirchenfürsten gemacht werden.

Seit alters ist der Witz eine Waffe. Eine Waffe der Kleinen gegen die Großen. Selbst noch unter Lebensgefahr wird diese Waffe gegen Diktaturen oder totalitäre Systeme eingesetzt. Was dem Lachen ausgesetzt wird, wird zugleich durchschaut: Fehler und Schwächen werden offengelegt. Deswegen versuchen die Systeme, Witze zu unterbinden. Ohne Erfolg. Das gilt auch für die Kirche. Dann entlarvt der Witz vor allem die Würdenträger, die sich über die Christen erheben, und stellt sie mit ihren Schwächen auf den Boden der Tatsachen. Bernhard von Clairvaux, der große Klosterreformer, verlangte vom Papst allen Ernstes, er solle sich ausziehen, sich als nackten Adam sehen. Das ist dann der Gipfel des Witzes, weil er das System auf den Kopf stellt und damit wieder auf den Boden des Evangeliums.
Ein guter Witz ver-rückt im wahrsten Sinne des Wortes. Er rückt zurecht.

Wort

Obwohl es nur aus fünf Buchstaben besteht, ist LIEBE ein großes Wort. Große Worte allein nützen uns nichts. Die Buchstaben der Liebe, seien sie in Gold auf ein Denkmal geschrieben oder mit dem Messer in einen Baumstamm geritzt, müssen in den kleinen Alltag übersetzt werden.
Am besten ist es für den Menschen, wenn Liebe für ihn jeden Tag neu buchstabiert wird. Das heißt, wenn die großen Lettern für ihn in kleinen Zeichen und Gesten lebendig werden: „Liebe ist nicht nur ein Wort, Liebe, das sind Worte und Taten..." heißt es in einem Lied.

Im Leben Jesu hat es diese Worte und Zeichen auf vielfältige Weise gegeben. Er übersetzte die Liebe Gottes zu den Menschen so, daß sie von allen, auch von Analphabeten gelesen werden konnte: Wie er mit den Kranken sprach; wie er sich den Ausgestoßenen zuwandte; wie er mit den Kindern zärtlich umging; wie er Verzweifelten neue Hoffnung schenkte... das alles waren Übersetzungen der Liebe Gottes.

Uns engen im Umgang miteinander Zäune, Mauern, Grenzen ein; Barrieren, die wir oft selber errichtet haben. Nur das „Buchstabieren der Liebe" kann uns öffnen und befreien.
Die Liebe läßt uns Freud und Leid mitempfinden; zieht uns hinein in Menschengeschichten und -schicksale; ermutigt und stärkt, tröstet und bringt uns voran... Das große Wort kann unser kleines Leben liebenswert machen.

Wunder

Es gibt Menschen, denen sagt man einen „grünen Daumen" nach. Menschen mit einem „grünen Daumen" haben Glück mit Pflanzen und Blumen; sie gedeihen in ihrem Haus besonders gut und fallen Besuchern durch üppige Blüten und prachtvolle Blätter auf.

Ich glaube, daß ich hinter ihr Geheimnis gekommen bin. Es sind Menschen, die die Fähigkeit haben, mit ihren Pflanzen und Blumen zu reden. Was uns guttut, lieben offenbar auch die Pflanzen; sie sind empfänglich für ein freundliches Wort, sind dankbar für ein Lob, freuen sich über jede Anerkennung. Die Blumen und Gewächse danken das alles auf ihre Weise durch Gesundheit, Wachstum und Fülle.

Leider ist es nur ein Märchen, in dem ein Junge mit dem „grünen Daumen" es fertig bringt, daß aus Gewehrläufen Rosen sprießen und Kanonen Blumensalven abfeuern. Dahinter verbirgt sich die Erkenntnis, daß ein gutes Wort oder eine Zärtlichkeit Böses verhindern, Freude schenken und Leben spenden können.

Eigentlich sind wir alle mit einem „grünen Daumen" begabt, denn ein gutes Wort, ein charmantes Lächeln, eine zärtliche Geste stehen uns allen zur Verfügung. Nicht umsonst heißt es: „Ein gutes Wort kann Wunder wirken". Die Bestätigung dafür finden wir im Leben Jesu. Seine Wunder beginnen alle mit einem guten Wort und einer zärtlichen Geste. Wir sollten es einmal probieren und uns von der Wirkung unseres „grünen Daumens" überraschen lassen.

Wunsch

In vielen Märchen kommen die berühmten drei Wünsche vor. Ein Geist, eine gute Fee oder gar Gott selber gewähren dem Menschen die Gunst, sich drei Dinge zu wünschen. Drei Bitten werden erfüllt, keine einzige mehr. Da beginnt schon das Problem. Mögen die ersten beiden Wünsche noch leicht über die Lippen kommen, bei der dritten Bitte, es ist ja die letzte, wird es schwierig. So kommt es, daß im Märchen die Geschichten von den drei Wünschen nie gut ausgehen. Denn ein erfüllter Wunsch kriegt bei uns Menschen augenblicklich Junge. Der Mensch ist unersättlich.

Ein Mann wurde die Gnade von Gott zu teil, drei Wünsche frei zu haben. Weil er schon lange allein lebte, wünschte er sich eine schöne Frau und Gott gewährte ihm die Bitte. Aber da er es nicht gewohnt war, alles, was er hatte mit einem anderen Menschen zu teilen, wurde er bald seiner Partnerin überdrüssig. Er wünschte sie dorthin, wo der Pfeffer wächst. Und Gott erfüllte auch diesen Wunsch. „Jetzt hast du nur noch einen!" warnte ihn Gott. Für unseren Mann begann ein höchst unruhiges Leben. Sollte er sich Geld wünschen? Was ist das ohne Gesundheit? Sollte er sich Gesundheit wünschen? Aber ohne finanzielle Ausstattung? Schließlich drängte ihn Gott: „Was ist nun mit deinem dritten Wunsch?" „Ich weiß nicht, was ich mir wünschen soll", klagte der Mann. Da sagte Gott: „Ganz einfach, wünsche dir Zufriedenheit; darin ist alle Erfüllung verborgen."

Wüstenerfahrung

Ein Mensch kam nach langer Zeit aus der Wüste zurück. Seine Freunde und Schüler, die auf ihn gewartet hatten, sahen sofort, daß ihrem Meister Gotteserfahrung geschenkt worden war. Sie fingen an, ihn zu bedrängen und zu fragen: „Wie ist das mit Gott? Sag es uns, wir können es an deinem Gesicht ablesen, daß du Gott gesehen hast!"

Der Erfahrene schwieg lange; aber die Schüler und Freunde bedrängten ihn ohne Unterlaß. Wie sollte er in Worte kleiden, was er erfahren hatte? Wie sollte er Blinden sagen, was er gesehen hatte? Wie sollte er ihnen das erklären, was gar nicht zu erklären war? Und er schwieg noch immer. Doch da sie ihn nicht in Ruhe ließen, versuchte er in wenigen Sätzen mitzuteilen, was ihm geschenkt worden war. Die Schüler und Freunde hingen begierig an seinen Lippen, andere schrieben jedes seiner Worte auf, wieder andere machten daraus einen Merksatz. Daraus wurde ein Glaubenssatz, endlich eine heilige Formel.

Damit zogen sie hinaus und verkündeten die Sätze des Erfahrenen jedem der sie hören wollte; den anderen drängten sie die Formeln auf, indem sie betonten, nur so könnten sie gerettet werden. Als unser Mann aus der Wüste davon hörte, wurde er traurig. Er dachte sich, es wäre besser gewesen, er hätte geschwiegen.

Wüstentag

„Gönn dir was!" Eine geschickte Werbung wird alles darauf anlegen, daß diese Aufforderung deutlich wird: Gönne dir mit diesem oder jenem Produkt etwas Besonderes. Du hast es verdient, nach dem Streß des Tages, nach der Enttäuschung, nach Sieg oder Niederlage. Ich mache jetzt zwar keine Werbung, aber doch einen Vorschlag: „Gönnen Sie sich mal einen Wüstentag!" Wüste?, werden sie fragen, mitten in der Großstadt? In meiner Umgebung? Wie soll das gehen und wozu ist das gut?

Hören Sie, wie einer seinen Wüstentag beschreibt: „Ich wähle mir einen Tag aus, an dem ich mich für 24 Stunden von allen Verpflichtungen frei machen kann. Am Vorabend lege ich ein paar Dinge bereit, etwas Brot und Obst für unterwegs, Bleistift und Papier für gute Gedanken, bequemes Schuhwerk und Regenschutz für alle Fälle. Am frühen Morgen breche ich auf. Ich gehe über Land. Ohne festes Ziel, das ich erreichen müßte. Ich besichtige keine Sehenswürdigkeiten, mache keine Besuche, nicht einmal Rast in einer Kneipe; ich bleibe unterwegs. Ich gehe ganz einfach und freue mich, daß ich gehen darf…" Wer solcherart in die Wüste, in die Einsamkeit geht, der stellt sich vor die Frage, was seinem Leben wirklich Sinn und Bestand gibt. Zwischen der Wüste und der Oase kann er wieder Mensch werden.

Jesus holte sich in der Einsamkeit jene Kräfte, die die menschlichen Beziehungen gelingen lassen, und seine Jünger machten es ihm nach. Nach einem solchen Tag werden wir eine andere Einstellung zu uns und zu allen haben, die mit uns das Leben teilen. Es wird etwas Neues sein, mehr Ruhe und Gelassenheit, mehr Freiheit und Offenheit. Geschenke, die die Wüste macht. Drum nochmals: Gönnen sie sich mal einen Wüstentag.

Zapping

Ein Experte hat behauptet: 70 Prozent aller Fernseher wären nicht mehr in der Lage, sich eine ganze Sendung anzusehen, ohne zwischendurch auf einen anderen Kanal zu schalten. Vor allem für Männer sei die Fernbedienung die beste Erfindung seit Einführung des Fernsehens. Man setzt sich nicht mehr zu einem Fernsehabend zusammen; wer im Besitz der Fernbedienung ist – zugleich ein neues Symbol der Macht –, „zappt" sich durch 25 Programme und mehr, ständig von der Sorge geplagt, etwas versäumen.

Die Kanalspringerei, vermutlich haben die Werbeunterbrechungen der Privaten viel dazu beigetragen, ist nicht nur eine Methode, alle Angebote zu kennen; sie enthebt den Zuschauer beteiligt oder betroffen sein zu müssen. Längst ist auch das Ganze aufgehoben; Fernsehen besteht nur noch aus einem Puzzle verschiedenster Bilder, Eindrücke, Behauptungen, Showeinlagen und aus Fetzen von Nachrichten und sonstigen Informationen. Was von einem „durchzappten" Fernsehabend bleibt? Nichts, außer der vagen Vorstellung, eigentlich alles gesehen zu haben. Dabei gibt es auf jeder Fernbedienung auch eine therapeutische Taste. Auf der stehen drei hilfreiche Buchstaben: AUS.

Zärtlichkeit

Zwischen Zärtlichkeit und Zärtlichkeiten kann ein himmelweiter Unterschied sein. Zärtlichkeiten können für ganz bestimmte Zwecke trainiert werden. Sie sind dann Mittel zum Zweck. Der Mißbrauch der Zärtlichkeiten liegt nahe. Sie werden nach Streicheleinheiten abgerechnet. Von Zärtlichkeit bleibt nicht viel, eher greift das Gefühl um sich, um etwas betrogen worden zu sein.

Die Zärtlichkeit versteht sich als innere Haltung eines Menschen. Sie erschöpft sich nicht in Berührungen, Umarmungen, im Hautkontakt. So wichtig das alles für die Zärtlichkeit auch ist. Doch ohne die innere Beteiligung des Menschen bleibt das alles hohl und leer.

Zärtlichkeit ist die Antwort auf die Verletzlichkeit unserer Welt, also eine Form der Erlösung. Ist es nicht eigenartig, daß wir kaum von der Zärtlichkeit Gottes sprechen, obwohl wir Christen glauben, daß er uns in Jesus menschlich ganz nahe gekommen ist? Der Glaube an einen zärtlichen Gott würde uns helfen, das Zarte, Kleine und Schutzbedürftige wahrzunehmen, es in die Hände zu nehmen, zu behüten und zu heilen. Eine besonders schöne Form der Zärtlichkeit ist es, wenn einer unsere wunden Punkte kennt und sie „behandelt". Die Hand ist zusammen mit unserem Herz das besondere Organ unserer Zärtlichkeit.

Zeichen

An einer Baustelle gab mir heute nachmittag ein ganz in Orange gekleideter Arbeiter ein Zeichen. Er senkte die rote Fahne, grüßte kurz mit dem Finger an die Mütze, und ich hatte auf der Straße endlich freie Fahrt.
Auf dem Autobahnzubringer überlegte ich mir, wievielen Menschen ich im Laufe des Tages schon ein Zeichen gegeben hatte: Mit dem Bremslicht. Mit den Blinkern. Nach rechts oder nach links. Dem Nachbarn habe ich beim Start freundlich zugewinkt und wenig später ein Schulkind mit einem Handzeichen über die Straße gelassen.
Viele Zeichen. Mindestens genauso viele Zeichen sind mir geschenkt worden.

Zeichen sind für uns wichtig. Es ist gut, wenn uns einer zuwinkt; wenn einer uns durchläßt; wenn einer uns warnt. Selbst noch, wenn einer uns zurückweist.
Am schönsten sind für uns die Zeichen der Liebe. Da wendet sich uns ein Mensch zu, weil wir für ihn wichtig geworden sind. Das Zeichen bekommt dann plötzlich Leben. Es ist nicht mehr einseitig. Es geschieht ein Austausch, ein Geben und ein Nehmen.
Wir sollten mehr auf die Zeichen achten, die uns ständig gegeben werden und das Beste daraus machen. Wir sollten auf Empfang geschaltet haben, damit wir nicht die Zeichen für das kleine Glück übersehen, das uns zugedacht ist.

Zeit

„Wer nicht mit der Zeit geht, geht mit der Zeit!" Diese Behauptung stützt sich auf die wissenschaftliche Erkenntnis, daß wir alle 8–10 Jahre in einen neuen Zeitabschnitt eintreten. Deswegen ist die Forderung nach mehr Flexibilität eine Forderung unserer Zeit. Wer nicht mit der Zeit geht, wird von ihr bald überrollt. Die Zeit läuft weiter. Ohne ihn. Gegen ihn.

Jesus sagte einmal zu den Menschen: „Sobald ihr im Westen Wolken aufsteigen seht, sagt ihr: Es gibt Regen. Und es kommt so. Und wenn der Südwind weht, dann sagt ihr: Es wird heiß. Und es trifft ein. ... Das Aussehen der Erde und des Himmels könnt ihr deuten. Warum könnt ihr dann die Zeichen der Zeit nicht deuten?" (Lk 12, 54-56).
Wer die Zeichen der Zeit sieht und umsetzen kann, ist beweglich. Beweglich bleiben wir nur durch Übung. Das gilt für unseren Geist wie für unseren Körper. Es ist erstaunlich, wie wenig wir für beide tun, obwohl vom ständigen Training unser Leben abhängt. Den Wechsel der Zeiten zu trainieren heißt, den Alltag leben und offen bleiben für das Unerwartete; auf dem Fundament der Tradition stehen und doch bereit zu sein für neue Antworten.
Der Theologe Karl Rahner nennt dieses ständige Training, eine anspruchsvolle Haltung, also eine Tugend. Es ist ja nicht leicht, einen Weg durch die Zeit zu gehen, der weder einem einseitigen Fanatismus verfällt noch sich im billigen Mitläufertum verliert. Selbst der „Goldene Mittelweg", der uns oft angepriesen wird, ist für einen, der die Zeichen der Zeit versteht, nicht immer die Lösung. Zu schnell ist der Goldene Mittelweg schon im Sande verlaufen. Wer die Aufgaben unserer Zeit trainiert, wer beweglich bleibt, wird mit der Zeit gehen können, ohne sich zu verlieren.

Zeitenwende

Der Wechsel des Jahrtausends wirft seine Schatten, aber auch seine Ängste voraus. Dabei ist es noch gar nicht ausgemacht, ob das entscheidende Datum bereits zu Silvester 1999 oder erst ein Jahr später gefeiert werden kann. Der Sekt ist eingelagert. Die gleichen Ängste, die schon einmal vor 1000 Jahren aufgetreten sind, werden neu geschürt: „Einmal tausend, nicht mehr tausend?"

Das magische Jahr 2000 ist allerdings sehr relativ und nur auf den christlichen Kalender bezogen. Die jüdische Welt befindet sich schon im 6. Jahrtausend; die muslimische Welt erst im 14. Jahrhundert, die Buddhisten haben bereits 2500 „nach Buddha" hinter sich. Dazu kommt, daß das „Jahr Null", das Jahr von Christi Geburt, einige Jahre vor Beginn unserer Zeitrechnung liegt: Wir haben die „dramatische Zeitenwende" bereits hinter uns.

Dennoch werden die geschlossenen Systeme, die fundamentalistischen Bibelgruppen und Sekten in den kommenden Jahren an Land gewinnen. Sie setzen dem „Light-Glauben" vieler Christen einen ganzheitlichen Lebensstil gegenüber. Er wird die Rettung vor der kommenden Katastrophe sein; das rettende Rezept hat nur die eine Gruppe, obwohl es von dieser Sorte hunderte gibt. Was die Kirchen dagegen zu setzen hat, fragen Sie: Die Ernsthaftigkeit und die Fröhlichkeit des Evangeliums, das uns sagt: „Keiner kennt den Tag und die Stunde."

Zeitlosigkeit

Als der Manager an der Pforte ankam, er hatte das Angebot der Mönche angenommen, sich auf das „Kloster auf Zeit" einzulassen, um dem Streß zu entfliehen, mußte er zunächst alles abgeben: Das Handy, den Terminkalender, Schreibsachen, die Uhr. Da es auch im ganzen Kloster keine Uhr gab, kam der Manager in Schwierigkeiten. Er wurde unruhig, weil er befürchtete, etwas zu verpassen; er wurde nervös, weil er sich mit nichts beschäftigen konnte.

Am Abend, beim ersten Gespräch mit dem Abt beklagte er sich darüber. So hätte er sich die Tage der Entspannung nicht vorgestellt. Er sei angespannter und unruhiger als zuvor. Der Abt beruhigte ihn und nahm ihn an der Hand. Er führte ihn auf den Balkon seines Zimmers und zeigte in den sternenklaren Nachthimmel. Er zeigte auf diesen und auf jenen Stern. Schließlich wanderte sein Finger auf den Andromedanebel. „Dieses Sternensystem", erklärte der Abt, „ist von uns unendlich weit entfernt und besteht aus hunderttausend Millionen Sonnen, alle viel größer als unsere Sonne." Nach einer kleinen Pause fuhr der Abt fort: „Das Licht des Andromedanebels braucht zweieinhalb Millionen Jahre, bis es zu uns auf die Erde kommt. Zweieinhalb Millionen Jahre!"

Der Abt nahm seinen Besucher wieder mit in sein Zimmer. Er sah ihn lange an und sagte dann: „Nachdem jetzt die Zeitverhältnisse völlig klar sind, wollen wir zu Bett gehen und ruhig schlafen."

Zeitzeichen

Unsere Großeltern kannten sie noch, die schöne Zeit „zwischen den Jahren". Das waren jene zwölf Tage von Heiligabend bis Dreikönig, die von Brauchtum und allerlei Aberglauben umgeben wurden. Zum Beispiel dachte man, was einer in den Rauhnächten träumte, das ginge im Laufe des Jahres in Erfüllung.

Die Zeit zwischen den Jahren war nicht nur durch Träume, sie war auch von Gelassenheit geprägt. Da schwere Arbeit ausdrücklich verboten war, konnten auch die kleinen Leute einmal ausspannen und durchatmen. Sie konnten einmal liegen lassen, was sie antrieb und hetzte. Sie konnten sich endlich einmal auf das Wichtigste besinnen, was es gab – auf sich selbst. Gibt es für uns noch die Möglichkeit die Zeit „zwischen den Jahren" zu erleben oder machen wir einfach so weiter, als hätte die Zeit keine Zeit für uns?

Dann lassen wir uns weiterhin antreiben und überholen am Ende die Zeit, die uns geschenkt ist. Erdbeeren im Winter, Rosen im März, Lebkuchen im August, Christstollen im September, Nikoläuse im Oktober und Ostereier gleich nach Weihnachten. Alle Welt jammert darüber, daß wir so weitermachen bis nichts mehr geht. Dabei liegt es an uns. Wir sind doch mit daran schuld, wenn die Zeit keine Zeit mehr für uns hat. Wer die Zeichen der Zeit „zwischen den Jahren" deuten kann, der erkennt: Die Zeit braucht uns nicht, aber wir brauchen die Zeit.

Zölibat

„Warum ist der Zölibat in unserer Zeit so unfruchtbar geworden?" fragte ich einen mir vertrauten Mitbruder. Seine Antwort kam spontan: „Weil ihm die Liebe fehlt!" Es kann nicht im Plan Gottes liegen, daß zu einer verordneten Lebensform automatisch die Liebe dazu kommt. Die Liebe ist aber, bei allem was wir tun oder lassen, entscheidend. Jesus „fordert uns heraus, tief zu lieben", schreibt Sandra Schneiders: „Nicht darauf zu reagieren heißt, sich nicht zu entscheiden, nicht zu leben." Nicht wenige zölibatär Lebende machen den Eindruck als lebten sie nicht wirklich; deswegen können sie das Leben derer auch nicht verstehen, denen sie die Frohe Botschaft verkünden sollen. Deswegen werden sie nicht verstanden.

Mir scheinen diese Feststellungen der Hintergrund dafür zu sein, daß für Katholiken die Zölibatsverpflichtung, kaum einer dürfte etwas gegen die freiwillige Ehelosigkeit haben, das größte Hindernis für die Glaubwürdigkeit der Kirche ist. Und das nicht nur, weil durch die Verbindung zwischen Priesteramt und Zölibat so viel Unehrlichkeit, Verlogenheit, sogar Verbrechen mit dem Mantel des Verschweigens zugedeckt werden mußte. Gerade weil ich bewußt und freiwillig ehelos lebe, bin ich gegen die Zölibatsverpflichtung. Ein Gesetz, das nicht um des Menschen, erst recht nicht um Gottes willen gesetzt wurde, hat ausgedient.

Zufriedenheit

Ein Mann, so Mitte dreißig, der so ziemlich alles erreicht hatte, war dennoch nicht mit seinem Leben zufrieden. Er beschloß, ins Kloster zu gehen, um dort Abstand von allem zu finden. Doch selbst hinter den dicken Mauern holten ihn die Gedanken, Pläne, Vorstellungen und Wünsche ein. Bevor er sich entschied, das Kloster wieder zu verlassen, suchte er das Gespräch mit einem Mönch. Der hörte unserem ruhelosen Freund lange zu und sagte ihm dann nur ein einziges Wort: „Wer auf dem Boden schläft, fällt nicht aus dem Bett."
Der junge Mann dachte lange über dieses Wort nach. Er setzte sich dazu buchstäblich auf den alten Dielenboden des Klosters. Völlig überraschend überzog ihn von unten her ein Gefühl der Zufriedenheit, das er so noch nie erlebt hatte. Der Lagewechsel schenkte ihm eine neue Sicht über sein Leben: Er blieb.

In der Regel wissen wir, was wir tun oder lassen müßten, um den inneren Frieden und damit Zufriedenheit zu finden. Aber wir bleiben in der alten Lage, wir klammern uns daran fest und wundern uns, wenn wir schließlich nicht mehr besitzen, sondern besessen sind.

Zumutung

„So eine Zumutung!" Diesen Satz sprechen wir öfter aus, manchmal mit einer gewissen Verbitterung. Da verlangt ein Chef oder ein Nachbar von uns etwas, was uns Unannehmlichkeiten bereitet oder uns zusätzlich belastet. Zumutung, das ist eigentlich eine Herausforderung. Und die kann auch sehr positiv sein. Jemand etwas zu - muten, heißt doch dem Wortsinn nach: Davon überzeugt sein, daß der Betroffene den Mut aufbringt, eine schwierige oder heikle Aufgabe zu übernehmen und gut zu bewältigen.

Bei allem Gerede von Streß und Überforderung bin ich der Meinung, daß die meisten von uns an Unterforderung leiden. Es wird ihnen zu wenig zugemutet. Das beginnt schon bei den Kindern, wenn sie nicht das bringen dürfen, was sie wirklich können. Vielleicht liegt da der Grund für eine weitverbreitete Unzufriedenheit: Wir sind zwar oft über den Kopf hinaus beschäftigt, aber wirklich ausgelastet sind wir nicht, weil uns zu wenig zugetraut wird, weil wir uns zu wenig zumuten.

Da ist es tröstlich, daß wenigstens Gott uns etwas zumutet. Weil er uns etwas zutraut, heißt es bei Matthäus: „Weil du im Kleinen ein treuer Verwalter gewesen bist, will ich dir jetzt eine große Aufgabe übertragen" (25,21). Auch wenn Menschen uns nichts tun lassen, vor Gott hat alles, was wir uns zu - muten, Bestand und wird anerkannt.

Zusammenleben

Wieder einmal hatte das Paar schrecklich miteinander gestritten. Als sie von der Auseinandersetzung erschöpft waren, sagte der Mann zur Frau: „Ich weiß nicht, warum können wir nicht friedlich miteinander leben, wie unsere beiden Hunde?" Die Frau schwieg einen Moment; dann sagte sie: „Kette die beiden untrennbar zusammen und du wirst sehen, was geschieht."

Das Geheimnis jeder Partnerschaft besteht im Zusammenspiel zwischen Bindung und Loslassen, zwischen Treue und Gelassenheit. In diesem Spiel werden die Gewichte nicht immer gleich sein: mal wird die Anziehungskraft überwiegen, der Wunsch nach Nähe. Dann wieder ist der Abstand wichtig. Es gibt einen therapeutischen Weg, der beide Elemente miteinander zur Klärung des Verhältnisses miteinander verbindet. Die Partner halten sich fest an den Händen, um sich gegenseitig alles zu sagen, was sie belastet, ärgert, wütend macht. Erst wenn beide Seiten wirklich alles sagen konnten, was ihnen auf der Seele lag, lassen sie sich los. Fachleute behaupten, daß sich dann Nähe und Abstand auf jenes Maß einpendeln, das jeder beim Zusammenleben braucht, um bestehen zu können.

Nachwort

Beim Gespräch mit einem Mitarbeiter ging es um die Vorbereitung des nächsten Sonntagsgottesdienstes. Das Evangelium (Mk 7,31–37) berichtete von der Heilung eines Taubstummen durch Jesus. Wenn ein Mensch nicht hören kann, lernt er auch mit modernen Mitteln nur unzulänglich sprechen. Aus einem Tauben wird zugleich ein Stummer. Auch wenn er sich verständlich machen kann, er könnte keine Radiosendung hören, keine dieser Gedanken aufnehmen, die zum weiteren Nachdenken in den Äther gesprochen wurden. Auf einmal sagte mein Mitarbeiter: „Ist es dir eigentlich aufgefallen, wie weit verbreitet heute der Hörsturz ist und wieviele Menschen unter Tinnitus leiden?" Man kann diese Tatsachen mit einem Achselzucken übergehen; sie könnten aber auch die Ansprache einleiten, die sich mit der „Schwerhörigkeit" des modernen Menschen beschäftigen soll.

Ähnlich ist es mir jedesmal bei der Vorbereitung der kurzen Gedanken gegangen. Ausgangspunkt war immer eine persönliche Erfahrung oder eine Betroffenheit. Im Blick auf die Hörerin oder den Hörer, die ihren Tag mit „Auf ein Wort" im Bayerischen Rundfunk beenden oder ihn mit der Morgenandacht des Deutschlandfunks (diese Texte wurden gekürzt, damit sie in den Rahmen des Buches passen) beginnen, wollte ich diese Erfahrungen weitergeben. Nie als eine Belehrung, sondern als Anregung zum eigenen Nach- und Weiterdenken. Die vielen Zuschriften, die nicht selten zu einem regen Briefwechsel führten oder zu persönlichen Gesprächen, zeigen, daß das gelungen ist. Das ist auch das Anliegen dieser Sammlung: Das Gespräch und die Gedanken weiter zu führen.

Roland Breitenbach

Aus
unserem
Verlagsprogramm

Roland Breitenbach
FUSSNOTEN ZUM ALLTAG
Einhundert und mehr
„Ortsgespräche" im „Markt"

264 Seiten, Broschur,
ISBN 3-926300-25-6

Zum Buch:

Kirche, Bischöfe, Papst, Vatikan, Schatten und Licht: Das ist nur die eine Seite. Die Lage der Gesellschaft, die Sozialpolitik, die Situation der Arbeitslosen, die Gewalt in der Schule, das Konsumverhalten und die Entsolidarisierung nur eine weitere.

Vieles, was das Leben der Menschen und das Leben des einzelnen betrifft, hat Pfarrer Roland Breitenbach kritisch in seiner wöchentlichen Kolumne „Ortsgespräch" festgehalten, die aus dem Verbrauchermagazin MARKT nicht mehr wegzudenken ist. Die Fundamentalisten Unterfrankens haben sich schnell auf diese frech-fromme Kolumne eingeschossen und das Eingreifen der bischöflchen Behörde gefordert, während andere Leserinnen und Leser sofort eine Unterschriftensammlung veranstalteten, als das Ortsgespräch in der Würzburger Ausgabe mehrfach nicht erschienen war.

Unter dem Titel „Fußnoten zum Alltag" liegt nun die lückenlose Sammlung der Wortmeldungen Pfarrer Breitenbachs als Buch vor. Die „Einhundert und mehr Ortsgespräche" der letzten zwei Jahre bilden eine zeitkritische Reise durch die Ereignisse vor Ort, der großen Politik und der Kirche. Was der Autor am Stammtisch in der Gaststätte, bei einem Bier am Kiosk, in der Auseinandersetzung bei Veranstaltungen, in der Kirche, auf dem Friedhof oder sonstwo gehört hat, was ihm geschrieben und vorgetragen wurde, hat er in den „Fußnoten zum Alltag" auf spannende Weise verarbeitet.

Der Autor:

Roland Breitenbach, geboren 1935; Priesterweihe 1963; seit 1974 Pfarrer von St. Michael in Schweinfurt, zugleich Studentenseelsorger an der FH Würzburg-Schweinfurt, Präses der Kolpingfamilie Schweinfurt. Zahlreiche Buchveröffentlichungen, meist Mehrfachauflagen. Mitarbeit an Fachzeitschriften und Predigtwerken.

Reimund Maier Verlag

ROLAND BREITENBACH IM REIMUND MAIER VERLAG

„Ein Glaube aus Fleisch und Blut"
Die Predigten des kleinen Bischofs, 4.Aufl 3-926300-06-X

„Lautlos wandert der Schatten"
Auf dem Pilgerweg nach Santiago de Compostela, 3.Aufl 3-926300-07-8

„Seht, der Befreier kommt"
Geschichten zur Weihnachtszeit, 2.Aufl 3-926300-08-6

„Der kleine Bischof"
Ein kirchlicher Zukunftsroman, 15.Aufl 3-926300-12-4

„Eine kleine weiße Feder"
Petrus II., der Papst, der das Getto sprengte, 3.Aufl 3-926300-13-2

„Kreuzweg – Zeichen des Lebens"
mit Pop-Art-Bildern von Walter Gaudnek 3-926300-16-7

„Der Zeit voraus"
Momentaufnahmen heiliger Frauen und Männer,
mit Pop-Art-Bildern von Walter Gaudnek 3-926300-18-3

„Engel sind wie gute Träume"
mit Pop-Art-Bildern von Walter Gaudnek 3-926300-21-3

„Sicht auf das Ganze"
Christliches Leben im Alltag, mit Fotos von Dr. Werner Ruf 3-926300-23-X

„Fußnoten zum Alltag"
Einhundert und mehr „Ortsgespräche" im „Markt" 3-926300-25-6

„Gott liebt es bunt"
Radio-Gedanken für Nacht und Tag 3-926300-26-4

„Schauen ist mehr als sehen"
Lebensgeschichten für Menschen von heute,
mit Fotos von Dr. Werner Ruf 3-926300-27-2

„Liebe ist Glück" = „Praxis heute", Bd. 1
Die kirchliche Trauung, 6. erw. und überarb. Aufl 3-926300-28-0

„Heute ist der Tag"
Begegnungen mit Jesus, 2. Aufl 3-926300-29-9

Reimund Maier Verlag
Buchverlag • Musikverlag
Versandbuchhandlung
DTP • Layout- & Satz-Service

Florian-Geyer-Str. 28, 97421 Schweinfurt · Tel. (09721) 7838-0 · Fax 7838-20
Mitglied im Börsenverein des Deutschen Buchhandels e. V. Mitglied im Verband Katholischer Verleger und Buchhändler e. V.